LICANTROPI

3

"LICANTROPI":

Scritto da: Morgana Bloodworth
Editor: Christian Francesco Schio
Immagini by: Christian Schio (AI prompts)

Lanzarote - 2023

Lanzaware Informatica

Prólogo

Da tempi immemorabili, l'umanità è stata affascinata e spaventata da creature che sfidano le leggi della natura. Tra tutte le leggende e i miti che hanno attraversato i secoli, pochi sono stati così persistenti e misteriosi quanto quello dei licantropi. Queste creature, che si trasformano da esseri umani in lupi, hanno ossessionato le menti umane, dando vita a racconti di terrore e meraviglia, ma anche di profonda curiosità scientifica.

Nel corso dei millenni, molte culture e civiltà hanno cullato le leggende dei licantropi nei loro miti, nelle loro storie e nelle loro paure più profonde. Alcune li vedevano come creature malefiche, mentre altre li consideravano guardiani dei boschi e spiriti selvatici. Ma indipendentemente dalle diverse interpretazioni, una domanda è rimasta costante: cosa c'è di vero in queste storie? Sono i licantropi solo frutto dell'immaginazione o esiste una base scientifica dietro questa leggenda millenaria?

Questo libro, intitolato "Licantropi," si propone di esplorare il mondo affascinante e misterioso di queste creature in modo rigorosamente scientifico. Attraverso una ricerca approfondita, esamineremo le possibili origini dei licantropi, analizzeremo le storie dei licantropi nei secoli, e cercheremo di svelare i segreti della loro trasformazione. Ma questo libro non si fermerà alle leggende e alle paure comuni; andremo oltre per comprendere la biologia e la scienza dietro questa leggenda, esplorando le teorie che possono spiegare il fenomeno dei licantropi.

Cammineremo lungo le strade degli antichi racconti, visiteremo i luoghi legati a queste creature e conosceremo le voci di coloro che affermano di essere entrati in contatto con i licantropi. Ma lo faremo senza la distorsione dei film e del cinema, cercando invece di separare il mito dalla realtà attraverso una lente rigorosamente scientifica.

Il nostro viaggio ci porterà a esplorare la biologia delle trasformazioni, le leggende e i luoghi comuni che circondano i licantropi, e persino le possibili strategie di sopravvivenza dei licantropi nel mondo moderno. Ciò che troveremo potrebbe essere sorprendente, affascinante o, in alcuni casi, spaventoso, ma sarà sempre basato sulla ricerca accurata e sulla scienza.

Preparatevi, dunque, a immergervi nella ricerca di una delle leggende più enigmatiche della storia umana. Ma sappiate che la verità sul mondo dei licantropi potrebbe essere molto diversa da ciò che avete immaginato. La scienza e la ragione illumineranno le ombre della leggenda, ma rimarrà sempre una piccola parte del mistero che ci sfuggirà, incanalando la nostra immaginazione e mantenendo viva l'eterna domanda: sono i licantropi reali o semplicemente frutto di una fervida immaginazione umana? Venite con noi in questo viaggio per scoprire la risposta.

Morgana Bloodworth

Capitolo 1
Introduzione ai Licantropi

Nella vasta e oscura tradizione delle creature sovrannaturali, poche sono così cariche di malefica presenza come i licantropi, noti anche come uomini-lupo. Questi esseri, condannati a vagare tra le pieghe oscure dell'umanità e la bestialità, rappresentano un'inquietante fusione tra l'uomo e il lupo, una fusione che porta con sé un peso maledetto. Le loro origini, avvolte nel velo del tempo, risalgono a epoche antiche, quando il mondo era ancora impregnato di magia oscura e segreti arcani.

Nel cuore delle leggende che circondano i licantropi si cela una maledizione profondamente radicata, una condanna a trasformarsi in creature feroci e impulsive. Questa maledizione è il risultato di oscure pratiche di magia nera, un patto tenebroso con forze sovrannaturali che pochi osano contemplare.

I licantropi, in tutta la loro orribile gloria, incutono timore e apprensione. La loro esistenza sfida le leggi naturali e la moralità umana. Sono creature che si muovono nell'oscurità, in bilico tra l'umanità e la brutalità animale. La luna piena, alta nel cielo notturno, è il loro catalizzatore, il momento in cui la trasformazione si completa e l'essenza bestiale prende il sopravvento sull'essere umano. È in questi istanti che il terrore si diffonde, poiché la trasformazione del licantropo è accompagnata da una perdita totale di controllo e razionalità.

Le leggende dei licantropi hanno sempre avuto un forte legame con la magia nera e l'occultismo. Si narra che per diventare un licantropo sia necessario compiere atti rituali imperscrutabili, spesso collegati a culti segreti e cerimonie sacrificali. È una magia proibita, un'arte oscura che si estende attraverso le viscere della storia umana, alimentando le paure più profonde.

La trasformazione del licantropo è spesso scatenata da eventi traumatici o da un morso infetto, e la maledizione può propagarsi silenziosamente, come un virus oscuro che si diffonde tra le sue vittime. La paura dell'infezione e la difficoltà di distinguere amici da nemici si uniscono per creare una rete di sospetto e terrore.

Questo libro si propone di esplorare il mondo oscuro e pericoloso dei licantropi con un approccio scientifico rigoroso. Tuttavia, prima di addentrarci nell'analisi razionale, è fondamentale comprendere l'oscura essenza di queste creature maledette e temute. Sappiate, cari lettori, che i licantropi non sono da sottovalutare. Sono una minaccia reale, una presenza oscura e imperscrutabile che solca la notte, e solo una comprensione accurata e scientifica di ciò che sono potrà fornire una difesa contro di essi. Siete stati avvertiti, e il nostro viaggio nell'oscurità appena inizia.

Le leggende dei licantropi, o uomini-lupo, costituiscono una misteriosa trama intrecciata attraverso i fili della storia dell'umanità. Queste storie risalgono a civiltà antiche in tutto il mondo, manifestandosi in forme e contesti diversi, ma sempre pervase da un misto di terrore e fascino inquietante.

Nell'antica Grecia, ad esempio, i racconti di persone trasformatesi in lupi risalivano all'epoca di Ovidio, che ne scrisse nella sua opera "Le Metamorfosi". Qui, la leggenda di un re chiamato Licaone, che fu punito dagli dèi per la sua crudeltà trasformandosi in un lupo, gettò le basi per le future narrazioni dei licantropi. Questi racconti greci erano intrisi di una sensazione di condanna divina e rappresentavano l'idea che la trasformazione in un lupo fosse una punizione per l'umanità, una forma di giustizia da parte delle forze sovrannaturali.

Nell'Europa medievale, le leggende dei licantropi si diffusero ampiamente, spesso intrecciandosi con il folclore locale e le credenze religiose. Le storie raccontavano di persone che, spesso a causa di stregonerie o malefici incantesimi, si trasformavano in lupi durante le notti di luna piena. Queste narrazioni alimentarono l'isteria delle streghe e dei licantropi, portando a cacciate brutali e processi giudiziari che si diffusero in tutta Europa.

In altre parti del mondo, come nelle culture indigene delle Americhe e nelle tribù dei nativi americani, esistevano leggende simili di uomini che si trasformavano in lupi o creature simili a lupi. Queste narrazioni erano spesso connesse alla magia tribale e alle credenze nella connessione tra l'uomo e il mondo animale.

Le leggende dei licantropi hanno attraversato i secoli, adattandosi alle diverse epoche e culture, ma condividendo sempre un nucleo di terrore e mistero. In questo libro, esploreremo le radici profonde di queste storie, analizzando come si sono evolute nel corso della storia e come sono state percepite in tutto il mondo. Ma siate consapevoli, cari lettori, che queste leggende non sono solo racconti innocui del passato; sono riflessi di una realtà oscura e pericolosa che ancora oggi ci circonda. Preparatevi a scoprire la verità dietro le storie dei licantropi, una verità che, una volta rivelata, potrebbe svelare una realtà più spaventosa di quanto abbiate mai immaginato.

L'orrore dei licantropi risiede nella loro essenza stessa, in quella perversione oscura della natura umana che li condanna a essere creature oscure, una fusione dissonante tra l'uomo e la bestia. È una fusione che sfida audacemente le leggi inappellabili della biologia e della moralità umana. Nella loro forma trasformata, i licantropi gettano via ogni traccia di umanità, abbracciando la brutalità e la ferocia che risiedono nel cuore di ogni lupo.

La trasformazione dei licantropi è un'aberrazione, un'inversione della natura stessa. L'uomo, considerato il dominatore della terra, si ritrova improvvisamente soggiogato e annientato dalla sua stessa natura bestiale. La civilizzazione, la morale, il controllo razionale - tutto ciò che definisce l'essenza dell'umanità - viene abbandonato quando il licantropo si trasforma. È un momento in cui la paura e il terrore raggiungono l'apice, poiché ciò che una volta era umano diventa un mostro assetato di sangue.

Questi esseri demoniaci non rappresentano solo una minaccia individuale, ma mettono in pericolo l'intera società umana. La loro esistenza sottolinea quanto fragile sia la nostra stessa umanità, quanto facilmente possa essere corrotta e rovesciata. La luna piena, che scatena la trasformazione, diventa il simbolo stesso di questa minaccia costante, un orologio che scandisce il ritmo delle notti tempestose di terrore.

I licantropi sono una sfida alla nostra comprensione della realtà e della moralità. Rappresentano un'inversione delle nostre aspettative più profonde, una minaccia che si nasconde tra di noi, camuffata da umanità. Questo libro si propone di scrutare con occhi attenti questa perversione oscura della natura umana, per rivelare una verità che, anche se spaventosa, è cruciale per la nostra sopravvivenza. State all'erta, perché il pericolo che i licantropi rappresentano non può essere ignorato, e solo una comprensione accurata può proteggerci da questa minaccia oscura e sempre presente.

Le tenebre della notte, quando la luna è alta nel cielo, sono il palcoscenico in cui si svolge il terribile spettacolo delle trasformazioni dei licantropi. Questi eventi oscuri, avvolti nell'alone di mistero che circonda la luna piena, sono momenti di terrore e sospetto che gettano ombre lunghe sull'umanità stessa.

La notte, con il suo velo di oscurità e incertezza, offre il rifugio perfetto per le metamorfosi dei licantropi. È durante queste ore oscure che le loro nature bestiali prendono il sopravvento, liberandoli dalla costrizione dell'umanità e permettendo loro di abbracciare la ferocia del lupo. La luna, alta e luminosa nel cielo notturno, sembra esercitare un controllo malefico su di loro, una forza invisibile che li spinge verso la trasformazione.

Il terrore che accompagna queste notti di luna piena è palpabile. Le comunità vivono nel costante timore che chiunque possa nascondere questa terribile maledizione. Il vicino di casa, il conoscente di sempre, persino i propri cari possono rivelarsi licantropi al chiarore della luna piena. La paura delle trasformazioni notturne spinge le persone a guardarsi l'un l'altro con sospetto, a cercare segni e indizi che possano rivelare la presenza di un licantropo tra di loro.

È un terrore che si insinua nell'oscurità e si diffonde come un'ombra allungata, una paura ancestrale che risale alle origini delle leggende dei licantropi. Questi esseri, travolti dalla loro natura bestiale, sfuggono al controllo umano durante queste notti spaventose. Le storie dei licantropi ci ricordano che la notte non è solo il tempo del riposo, ma anche il momento in cui i confini tra l'umano e il sovrannaturale si sfumano.

Le trasformazioni notturne sono solo uno degli aspetti di questa leggenda oscura, ma sono un momento di terrore e paura che definisce l'essenza stessa di queste creature. Solo attraverso la conoscenza e la comprensione possiamo sperare di resistere a questa minaccia sempre presente, nascosta tra le ombre della notte.

La figura del lupo, spesso associata ai licantropi, evoca immagini di ferocia, predazione e aggressione. Questo legame tra i licantropi e i lupi è fondamentale per comprendere la natura di queste creature. Quando i licantropi si trasformano, abbandonano completamente il controllo umano, cedendo alle forze primordiali dell'istinto animale.

I lupi, nella loro forma naturale, sono predatori astuti e implacabili. Incarnano l'essenza della caccia, l'abilità di individuare una preda e inseguirla con tenacia implacabile. Questi attributi, insieme alla loro reputazione di creature selvagge e indomabili, si riflettono nei licantropi quando si trasformano. La loro mente umana svanisce, sopraffatta dalla ferocia del lupo.

Questi momenti di trasformazione sono pervasi da una perdita completa di controllo razionale. I licantropi cessano di essere esseri umani, diventando macchine da caccia, predatori insaziabili. È come se una porta oscura si aprisse all'interno di loro, rivelando una bestialità innata che aspetta solo l'occasione giusta per emergere.

Le vittime dei licantropi sperimentano terrore e impotenza, poiché non c'è ragione o pietà nelle azioni di queste creature durante la trasformazione. La loro aggressività è guidata solo dalla fame e dall'istinto di sopravvivenza, senza considerazione per la vita o per il dolore degli altri. È una visione inquietante, in cui l'umanità è completamente soffocata dalla belva che si cela dentro di loro.

Ecco perché è fondamentale comprendere la vera natura dei licantropi. Non sono creature da sottovalutare o affrontare con leggerezza. Sono manifestazioni di una bestialità antica, una minaccia per la società e l'umanità stessa. Questo libro si propone di gettare luce su questo aspetto oscuro e terribile dei licantropi, per aiutarvi a riconoscere il pericolo che essi rappresentano e a prepararvi a difendermi da questa minaccia sempre presente nell'ombra.

L'oscurità delle leggende dei licantropi si fonde in modo inquietante con l'occultismo e la magia nera, aggiungendo uno strato di mistero e terrore a queste creature già temibili. La trasformazione dei licantropi è vista come un atto di magia oscura, una manifestazione di forze sovrannaturali che si intrecciano con l'umanità in modi che sfidano la comprensione razionale.

La stessa natura della trasformazione sottolinea il suo carattere magico e demoniaco. Il momento in cui un licantropo si trasforma è considerato il culmine di un rituale oscuro, un'invocazione delle tenebre e delle forze maligne. Si dice che chiunque si sottoponga a questa trasformazione abbia stretto un patto con poteri demoniaci o sovrannaturali, sacrificando la sua umanità per ottenere il potere della bestia.

Le pratiche associate alla trasformazione dei licantropi variano da leggenda a leggenda, ma spesso coinvolgono incantesimi, rituali segreti e offerte di sangue. Questi elementi contribuiscono a creare un'aura di magia nera e malefica che circonda queste creature. Si tratta di una magia proibita, una conoscenza segreta che è trasmessa solo a pochi eletti, una conoscenza che ha il potere di distruggere e trasformare.

L'occultismo e la magia nera rafforzano l'idea che i licantropi siano una minaccia sovrannaturale, una presenza demoniaca che si nasconde tra noi. Queste leggende ci insegnano che il mondo è più oscuro di quanto possiamo immaginare, che ci sono forze sconosciute che operano nell'ombra, manipolando la realtà stessa.

La trama oscura delle leggende dei licantropi è tessuta con fili sottili di magia nera e occultismo, creando un'atmosfera di mistero e terrore che avvolge queste creature spaventose. La stessa trasformazione dei licantropi è vista come un atto di magia oscura, una sorta di patto con forze demoniache o sovrannaturali che si intrecciano in modo intricato con l'essenza umana.

L'intero processo di trasformazione, in particolare, è un rituale oscuro che va al di là della comprensione umana razionale. Si tratta di un'invocazione delle tenebre, un momento in cui l'individuo sacrifica la sua umanità per abbracciare il potere bestiale. È come se le leggende dei licantropi ci dicessero che la natura umana può essere corrotta e distorta attraverso l'uso di forze sovrannaturali, portando alla creazione di creature tanto spaventose quanto inumane.

Le pratiche coinvolte nella trasformazione variano da leggenda a leggenda, ma spesso coinvolgono elementi di magia proibita, come incantesimi segreti, rituali misteriosi e persino offerte di sangue. Questi dettagli rendono la trasformazione dei licantropi ancora più inquietante, poiché suggeriscono che si tratti di una conoscenza segreta e riservata solo a pochi eletti, un'elite di individui che hanno acceso un oscuro sentiero verso il potere sovrannaturale.

L'occultismo e la magia nera che permeano le leggende dei licantropi aggiungono un livello di pericolosità e inquietudine. Rafforzano l'idea che queste creature siano portatrici di una maledizione che va oltre la sfera della comprensione umana, una maledizione che si manifesta attraverso la magia oscura e il patto con forze demoniache.

Questo libro si impegna a esplorare in dettaglio queste connessioni tra i licantropi, la magia nera e l'occultismo, cercando di gettare luce su un aspetto oscuro e terribile di queste leggende. Svelare i segreti che circondano queste creature sovrannaturali richiede un'immersione nell'oscurità dell'occultismo, dove i confini tra realtà e sovrannaturale si sfumano e dove il pericolo dei licantropi emerge ancora più chiaramente. È un viaggio che richiederà coraggio e preparazione, poiché solo attraverso la conoscenza possiamo sperare di sopravvivere all'oscurità che circonda i licantropi.

La maledizione dei licantropi è un'oscura minaccia che può essere trasmessa in modi subdoli e inaspettati. Uno degli aspetti più inquietanti di questa maledizione è la sua capacità di diffondersi attraverso il morso o le ferite inflitte da un licantropo. Questo processo oscuro rende estremamente difficile distinguere gli amici dagli avversari, poiché la maledizione può propagarsi silenziosamente, nascosta tra le pieghe della vita quotidiana.

Quando un licantropo attacca una vittima, il suo morso o le ferite da esso inflitte sono il veicolo per la maledizione. Il veleno oscuro contenuto nella saliva del licantropo è una sostanza magica che può infettare la vittima, innescando la trasformazione e la perdita dell'umanità. Questa trasmissione della maledizione è un atto di violenza soprannaturale, una maledizione che si diffonde come un cancro oscuro, consumando lentamente la vittima dall'interno.

La vittima di un attacco di licantropo può non rendersi conto subito di essere stata infettata. La maledizione può rimanere latente nel corpo, attendendo il momento giusto per manifestarsi. Questo crea una tensione costante, poiché chiunque sia stato in contatto con un licantropo è potenzialmente un futuro licantropo.

Questa natura silente della maledizione dei licantropi aggiunge un livello di terrore e sospetto all'interno delle comunità colpite. Le persone cominciano a diffidare l'una dell'altra, a interrogarsi su chi potrebbe essere stato infettato e chi potrebbe essere un licantropo in potenza. È un clima di paura costante, in cui ogni ferita, anche la più piccola, può essere vista come un possibile segno della maledizione.

Nella storia, si sono formate confraternite di cacciatori di licantropi, individui coraggiosi e determinati pronti a sacrificare tutto per proteggere le comunità dall'orrore di queste creature. La caccia ai licantropi è un'attività rischiosa ma assolutamente necessaria per preservare la sicurezza e la sopravvivenza dell'umanità.

I cacciatori di licantropi operano nell'ombra, seguendo indizi e segnali che potrebbero rivelare la presenza di un licantropo. Le loro abilità e il loro addestramento sono spesso il risultato di generazioni di esperienza, una conoscenza passata di padre in figlio o tramandata all'interno di confraternite segrete. Questi cacciatori sono esperti nella ricerca di tracce, nell'interpretazione dei segni lasciati dai licantropi e nella lotta contro queste creature sovrannaturali.

La caccia ai licantropi è un'impresa estremamente pericolosa. I cacciatori devono confrontarsi con creature che possiedono forza sovrumana, agilità e ferocia. Devono essere preparati a mettere in gioco le loro vite per proteggere le comunità dalle minacce dei licantropi. Ogni caccia è una lotta per la sopravvivenza, una battaglia tra l'umanità e la bestialità.

Ma la caccia ai licantropi è anche un atto di eroismo. Questi cacciatori agiscono spinti dalla convinzione che è il loro dovere proteggere gli altri dall'orrore dei licantropi. Sanno che la loro missione è cruciale per la sopravvivenza delle comunità umane e che solo attraverso il loro coraggio e la loro determinazione si può sperare di respingere questa minaccia oscura.

Questa lotta tra cacciatori di licantropi e le creature che cercano di nascondersi tra di noi è un tema centrale nelle leggende dei licantropi. Rappresenta la lotta eterna tra l'umanità e le forze sovrannaturali del male, una lotta che non conosce tregua.

La trasformazione dei licantropi è un processo complesso e tormentato, innescato da una serie di eventi e condizioni che si combinano per creare una tempesta perfetta di terrore e violenza. Questa metamorfosi, spesso descritta come un'esperienza traumatica, è fortemente influenzata da due elementi chiave: eventi traumatici e la luna piena.

Gli eventi traumatici giocano un ruolo cruciale nella trasformazione dei licantropi. È spesso detto che chiunque abbia sperimentato una grande angoscia o una violenza estrema può essere incline a sviluppare la maledizione. Questi eventi destabilizzano la mente umana, aprendo la porta per l'influenza delle forze oscure. È come se l'esperienza traumatica agisse come una chiave per sbloccare la bestia nascosta dentro di noi.

La luna piena è un altro elemento fondamentale. È durante questa fase lunare che i licantropi sono più suscettibili alla trasformazione. La luna piena, con la sua luce intensa e il suo fascino magnetico, sembra avere un'influenza diretta sulla maledizione. È come se la luna stessa esercitasse un potere misterioso sui licantropi, spingendoli verso la trasformazione.

Quando questi due elementi si combinano, si crea una tempesta perfetta di terrore e violenza. Gli individui che hanno vissuto esperienze traumatiche e sono stati influenzati dalla maledizione si trasformano durante la luna piena, perdendo completamente il controllo sulla loro umanità. È un momento di caos, in cui la bestia interiore viene liberata e si scatena nella notte.

Questa combinazione di elementi crea un ciclo di terrore che si ripete ogni volta che la luna è piena. Le vittime diventano aggressori, gli amici diventano nemici, e la notte si riempie di urla e di orrore. È un ciclo che si perpetua da secoli, una danza oscura tra l'umanità e la bestialità.

Il compito di questo libro è di gettare luce sull'oscura realtà dei licantropi attraverso un'analisi scientifica e razionale. Mentre le leggende dei licantropi sono state tramandate per secoli e intrise di mistero, questo libro si prefigge di separare i fatti dalla fantasia, portando alla luce il pericolo concreto che questi esseri rappresentano per l'umanità.

Attraverso un approccio basato sulla razionalità e la conoscenza scientifica, esploreremo le radici delle leggende dei licantropi, esaminando la storia e le origini di queste credenze. Metteremo in discussione le credenze popolari, analizzando le possibili spiegazioni scientifiche dietro il fenomeno dei licantropi, se ce ne sono.

Questo libro non si basa su superstizioni o credenze irrazionali, ma si sforza di offrire una comprensione razionale di un tema che è stato per troppo tempo avvolto nell'oscurità del mito. Non si tratta di negare l'esistenza delle leggende dei licantropi, ma di esplorarle criticamente, portando alla luce aspetti spesso nascosti.

Nel corso di questo libro, esamineremo le caratteristiche dei licantropi, le possibili cause di questa trasformazione, i metodi per riconoscerli e difendersi da loro. Metteremo in discussione le credenze comuni e le paure diffuse, cercando di offrire una prospettiva basata sulla realtà e sulla razionalità.

La nostra missione è quella di fornire una guida completa e informativa su questo argomento oscuro, in modo che i lettori possano comprendere meglio il pericolo che i licantropi rappresentano e essere meglio preparati a fronteggiare questa minaccia se mai dovessero incontrarla. La conoscenza è la nostra migliore difesa, e attraverso la ricerca e l'analisi, possiamo sperare di far luce su questa tenebrosa realtà che si cela dietro le leggende dei licantropi.

Capitolo 2
Origini dei Licantropi

Nel buio velato dell'occultismo e delle leggende, le origini dei licantropi rappresentano un enigma avvolto nel mistero. Nel corso dei secoli, le menti curiose e i narratori delle tenebre hanno avanzato numerose teorie per cercare di spiegare l'esistenza di queste creature maledette. In questo capitolo, addentriamoci nell'oscura foresta delle teorie sulle origini dei licantropi, scrutando le radici profonde di questa antica maledizione.

Teoria Genetica: Una delle teorie più intriganti riguardo all'origine dei licantropi è legata alla genetica. Si sostiene che alcuni individui potrebbero portare in sé una mutazione genetica, ereditata da antenati lontani, che può essere attivata da fattori specifici, scatenando la trasformazione. Questa teoria evoca immagini di linee di sangue maledette e di genealogie oscure.

Teoria Psicologica: Alcuni esperti nell'occultismo hanno esplorato la possibilità che i licantropi siano il risultato di turbamenti psicologici profondi. Secondo questa teoria, gli individui affetti da disturbi mentali potrebbero sperimentare allucinazioni e deliri che li portano a credere di essere licantropi. La mente umana, così vulnerabile, potrebbe creare la sua stessa realtà distorta.

Teoria Magica: Nel mondo dell'occultismo e della magia nera, si crede che i licantropi abbiano stretto un patto con forze demoniache o sovrannaturali per ottenere il potere della trasformazione. Questa teoria suggerisce che la maledizione è il risultato di un accordo oscuro, un patto con il diavolo o con entità maligne.

Teoria delle Eredità Spirituali: In alcune tradizioni, si sostiene che i licantropi siano posseduti da spiriti o entità oscure, che li spingono a trasformarsi in lupi. Questi spiriti, legati a una sorta di eredità spirituale, controllano l'individuo e lo costringono a compiere atti bestiali durante la trasformazione.

Teoria della Luna: La luna, con la sua luce argentea e il suo fascino misterioso, è spesso considerata un fattore chiave nelle teorie sull'origine dei licantropi. Si crede che la luna piena abbia un'influenza diretta sulla trasformazione, come se il suo potere magnetico potesse attivare la maledizione.

Teoria dell'Alterità: Alcune credenze suggeriscono che i licantropi siano il risultato di una profonda paura dell'alterità e della diversità. Si ritiene che queste credenze siano state alimentate dalla paura dell'estraneo e dell'ignoto, trasformando le persone diverse in creature mostruose.

Teoria delle Credenze Religiose: Le diverse religioni hanno spesso influenzato la percezione dei licantropi e delle loro origini. In alcune tradizioni, si credeva che la maledizione dei licantropi fosse una punizione divina per i peccati commessi dall'individuo o dalla sua famiglia.

Teoria delle Trasformazioni Traumatiche: Secondo alcune teorie, le trasformazioni dei licantropi sarebbero innescate da eventi traumatici, come una morte violenta o un'esperienza di profondo terrore. Questi eventi destabilizzerebbero la mente umana, aprendo la porta all'influenza delle forze oscure.

Teoria della Magia Oscura: La connessione tra licantropi e la magia nera è stata suggerita in molte teorie. Si ritiene che l'atto di trasformazione sia un atto di magia oscura, un patto con forze sovrannaturali che conferisce il potere di diventare un licantropo.

Queste teorie rappresentano solo una piccola parte del vasto universo di credenze e speculazioni sulle origini dei licantropi. Navigare tra queste teorie richiede un equilibrio delicato tra la razionalità e l'oscurità delle leggende, poiché il confine tra realtà e fantasia si sfuma nell'oscurità della notte.

Nel buio della notte dei tempi, tra le rovine delle antiche civiltà, si intravedono le prime tracce di ciò che oggi chiamiamo licantropi. Queste creature misteriose e terrorizzanti hanno una storia che risale a millenni fa, e le prime menzioni storiche di licantropi ci offrono un affascinante sguardo nell'animo umano e nelle paure delle società del passato.

Le prime testimonianze conosciute di licantropi si trovano nell'antica Grecia, una civiltà che ha contribuito significativamente alla mitologia occidentale. Qui, nel mondo delle leggende, si narra la storia di un re chiamato Licaone, da cui deriva il termine "licantropo". Secondo il mito, Licaone aveva commesso atti così mostruosi e disumani che gli dèi decisero di punirlo trasformandolo in un lupo. Questo racconto rappresenta una delle prime tracce di licantropi nella storia umana, e già allora si evidenzia la connessione tra l'atrocità e la trasformazione in bestia.

Tuttavia, la Grecia antica non è l'unico luogo dove si trovano le prime menzioni storiche di licantropi. Anche le culture dell'Europa medievale avevano le loro credenze e paure legate a queste creature. Durante il periodo delle caccie alle streghe, molte donne furono accusate di essere licantropi o di aver stretto patti con licantropi per ottenere poteri sovrannaturali. Queste accuse rivelano come le credenze nei licantropi fossero profondamente radicate nella cultura e nella società del tempo, contribuendo a diffondere la paura di queste creature.

Inoltre, le leggende di licantropi non erano confinate all'Europa. In diverse culture di tutto il mondo, si trovano racconti di esseri umani che si trasformano in lupi o in creature simili. Questi racconti risalgono a civiltà antiche in Asia, Africa, e nelle Americhe, dimostrando che la paura delle trasformazioni in creature bestiali era universale e intrinseca all'umanità.

Le prime menzioni storiche dei licantropi gettano le basi per un'enigmatica e oscura storia che si è evoluta nel corso dei secoli.

Queste storie riflettono le paure umane più profonde, la paura dell'alterità, della perdita di controllo, e della propria bestialità interiore. Nel prossimo capitolo, esploreremo come queste credenze abbiano influenzato le società del passato e come abbiano plasmato la percezione dei licantropi come una minaccia che si cela nell'ombra.

Nel passato, le credenze sulle origini dei licantropi erano intrise di oscurità e mistero, spesso intrecciate con fattori culturali, religiosi e magici. Le teorie su come qualcuno potesse diventare un licantropo variavano ampiamente, e queste credenze riflettevano le paure e le convinzioni delle società del tempo. In questo capitolo, esploreremo le diverse vie attraverso le quali si credeva che qualcuno potesse essere condannato a diventare un licantropo, dal coinvolgimento di streghe alla pratica di rituali demoniaci.

Le Maledizioni delle Streghe: Una delle credenze più diffuse riguardo all'origine dei licantropi era legata alle maledizioni lanciate da streghe e praticanti di arti oscure. Si credeva che una strega potesse invocare poteri oscuri per condannare un individuo a trasformarsi in un lupo durante la notte. Queste maledizioni spesso venivano attribuite a motivi personali o a vendette, e l'idea di un patto oscuro con forze sovrannaturali era centrale in queste credenze.

Rituali Demoniaci: Alcune credenze suggerivano che i licantropi potessero emergere da rituali demoniaci. Si pensava che un individuo potesse cercare il potere della trasformazione attraverso patti con demoni o entità oscure. Questi rituali, spesso descritti come macabri e sinistri, coinvolgevano l'offerta di sacrifici o la partecipazione a cerimonie oscure per ottenere il potere del licantropo.

Punizione Divina: In alcune culture, si credeva che la trasformazione in un licantropo fosse una punizione divina per i peccati commessi dall'individuo o dalla sua famiglia. Questa concezione rifletteva la visione religiosa del mondo, dove gli dèi o le forze divine punivano coloro che avevano violato le leggi divine.

Ereditarietà: In alcune tradizioni, si riteneva che la maledizione dei licantropi potesse essere ereditata da uno dei genitori. Questa credenza suggeriva che la trasformazione fosse legata a una sorta di "ereditarietà" spirituale o genetica, passata di generazione in generazione.

Influenza Lunare: Come discusso in precedenza, la luna era spesso considerata un elemento chiave nelle credenze legate ai licantropi. Si credeva che l'ascesa della luna piena potesse innescare la trasformazione, e questa convinzione contribuiva a rafforzare l'associazione tra l'aspetto celeste e la maledizione licantropa.

Poteri delle Erbe e Pozioni: In alcune culture, si pensava che i licantropi potessero ottenere il loro potere attraverso l'uso di erbe, pozioni o incantesimi magici. Queste pratiche spesso coinvolgevano la preparazione di elisir o l'applicazione di unguenti magici che avrebbero permesso la trasformazione in un lupo.

Queste sono solo alcune delle molteplici credenze sulle origini dei licantropi che si sono sviluppate nel corso della storia. Queste teorie variano ampiamente a seconda delle culture e delle epoche, ma tutte riflettono la profonda paura e il fascino che le trasformazioni umane in creature bestiali hanno esercitato sull'immaginario umano. Nel prossimo capitolo, esamineremo come queste credenze abbiano plasmato la percezione dei licantropi e come abbiano influenzato la cultura e la società del passato.

L'oscurità e la luna hanno sempre svolto un ruolo cruciale nelle credenze riguardanti i licantropi. Questi elementi, spesso associati alla trasformazione e alla manifestazione della maledizione licantropa, hanno profondamente influenzato la percezione di queste creature misteriose.

Nelle credenze legate ai licantropi, l'oscurità rappresentava il momento in cui la maledizione si manifestava con maggiore intensità. La notte offriva il velo ideale per le trasformazioni, permettendo agli individui maledetti di sfuggire alla luce del giorno e abbracciare la loro natura bestiale. L'oscurità nascondeva la loro presenza e consentiva loro di agire nell'ombra, spargendo terrore tra gli esseri umani.

Ma forse l'elemento più emblematico delle credenze licantropiche era la luna, soprattutto la luna piena. Questa fase lunare veniva vista come un catalizzatore per la trasformazione dei licantropi. La sua luce argentea veniva considerata una forza che avrebbe risvegliato l'istinto animale all'interno degli individui maledetti. La connessione tra la luna e i licantropi era così profonda che molte credenze vedevano la maledizione come una sorta di "dono" o "punizione" delle divinità lunari.

Le credenze legate alla luna erano spesso rafforzate da superstizioni popolari. In molte culture, si credeva che certi comportamenti o rituali durante le notti di luna piena potessero aumentare il rischio di essere maledetti o di attirare l'attenzione dei licantropi. Queste credenze contribuivano a creare un clima di timore e sospetto durante le notti di luna piena.

La dualità tra luce e oscurità, rappresentata dalla transizione tra il giorno e la notte, era intrinseca alla natura stessa dei licantropi. Questa dualità rifletteva la lotta interna tra l'umanità e la bestialità all'interno di coloro che erano maledetti. La luce del giorno rappresentava la normalità e la razionalità umana, mentre l'oscurità notturna rivelava il lato oscuro e selvaggio.

L'oscurità e la luna erano elementi chiave nelle credenze sulle trasformazioni dei licantropi. Questi aspetti contribuivano a rendere la maledizione dei licantropi ancor più misteriosa e spaventosa, in quanto associavano le trasformazioni a forze celesti e oscure, facendo emergere la paura dell'ignoto. Nel prossimo capitolo, esamineremo come la percezione dei licantropi abbia influenzato la cultura e la società nel corso della storia.

In alcune culture, le credenze sulle origini dei licantropi erano intrise di un'idea affascinante e inquietante: l'ereditarietà della maledizione. Si credeva che la condizione di licantropo potesse essere trasmessa da uno dei genitori all'altro o dai genitori ai figli, dando vita a una sorta di "ereditarietà" spirituale o genetica.

Questa credenza aveva un impatto profondo sulla percezione dei licantropi all'interno di queste culture, poiché creava un legame diretto tra la condizione licantropa e la famiglia. Si riteneva che la maledizione fosse trasmessa attraverso il sangue, il che significava che coloro che erano nati in una famiglia di licantropi avevano una probabilità maggiore di ereditare la maledizione stessa.

Questa concezione dell'ereditarietà dei licantropi contribuiva a creare una profonda paura e stigmatizzazione nei confronti di coloro che appartenevano a tali famiglie. I figli nati da genitori licantropi venivano spesso considerati portatori della maledizione sin dalla nascita, e la loro vita era destinata a essere segnata da un'oscurezza incolmabile.

Inoltre, questa credenza suggeriva che i licantropi fossero una sorta di "clan" o gruppo familiare che aveva ereditato la maledizione attraverso le generazioni. Questi clan di licantropi, spesso descritti come uniti da legami familiari stretti, venivano visti con diffidenza e terrore dalla società circostante.

L'ereditarietà dei licantropi gettava un'ombra ancora più tenebrosa sulla loro condizione, poiché sembrava suggerire che la maledizione fosse destinata a perpetuarsi nel tempo. Questa convinzione alimentava la paura e il rifiuto verso coloro che erano considerati membri di famiglie di licantropi, spingendo la società a isolare e emarginare questi individui.

Le credenze sull'ereditarietà dei licantropi avevano un impatto significativo sulla percezione di queste creature nelle culture in cui questa credenza era radicata. Creavano una connessione inquietante tra la condizione licantropa e la famiglia, contribuendo a alimentare il timore e la stigmatizzazione nei confronti di coloro che erano considerati portatori della maledizione sin dalla nascita. Nel prossimo capitolo, esamineremo come le credenze riguardanti i licantropi abbiano influenzato le pratiche culturali e sociali nel corso della storia.

La connessione tra i licantropi e la magia nera ha svolto un ruolo significativo nelle credenze riguardanti le origini di queste creature leggendarie. Questa associazione ha contribuito a plasmare le credenze sulle maledizioni licantropiche nel corso dei secoli, rendendo la figura del licantropo ancor più enigmatica e temibile.

Nelle credenze popolari, la trasformazione in licantropo era spesso vista come il risultato di un patto oscuro con forze sovrannaturali o demoniache. Si credeva che coloro che desideravano ottenere il potere di trasformarsi in licantropi avrebbero dovuto compiere rituali magici o offrire sacrifici alle entità demoniache. Questi rituali includevano spesso incantesimi, pozioni e cerimonie notturne, creando un legame inquietante tra la magia nera e la maledizione licantropa.

La magia nera, con la sua aura di segretezza e oscurità, contribuiva a dare alla condizione dei licantropi un'atmosfera di mistero e pericolo. I praticanti della magia nera, spesso considerati stregoni o streghe, erano visti come coloro che detenevano il potere di infliggere la maledizione o di conferirla ad altri attraverso incantesimi malefici. Questa connessione alimentava la paura e il sospetto verso coloro che erano sospettati di praticare la magia nera.

Inoltre, la magia nera era spesso associata a eventi traumatici o rituali demoniaci che avrebbero scatenato la trasformazione del licantropo. La credenza che la maledizione potesse essere attivata attraverso la magia nera aggiungeva un elemento di terrore e imprevedibilità alla figura del licantropo.

La connessione tra licantropi e magia nera ha quindi contribuito a consolidare l'immagine di queste creature come pericolose e oscure. Le credenze che circondano questa associazione hanno influenzato la percezione dei licantropi nel corso dei secoli, facendo sì che fossero visti non solo come esseri maledetti, ma anche come legati a poteri magici sinistri e nefasti. Nel prossimo capitolo, esploreremo come questa percezione abbia avuto impatto sulla storia e sulle leggende dei licantropi nel corso dei secoli.

Le credenze sui licantropi hanno spesso servito da specchio per la paura dell'alterità e della diversità all'interno della società. Questa paura profonda ha influenzato le teorie sulle origini dei licantropi e ha contribuito a plasmare la loro rappresentazione nella cultura popolare.

I licantropi, esseri che possono trasformarsi dalla forma umana a quella animale, rappresentano l'incarnazione della paura dell'alterità. La loro capacità di cambiare forma, di sfuggire alla norma umana e di assumere una natura selvaggia li rendeva oggetto di sospetto e repulsione. Le società tradizionali spesso temevano coloro che si discostavano dalla norma o che erano considerati "diversi", e i licantropi personificavano questa paura.

Le teorie sulle origini dei licantropi spesso riflettevano questa paura dell'alterità. Si credeva che i licantropi fossero individui che avevano deviato dalla retta via, che si erano allontanati dalla moralità e dalla normalità umana. Queste teorie erano spesso usate per spiegare le trasformazioni notturne e i comportamenti violenti dei licantropi come conseguenza della loro lontananza dalla virtù.

Nella cultura popolare, i licantropi erano spesso raffigurati come mostri orribili e pericolosi, alimentando la paura dell'alterità. La loro rappresentazione nei racconti e nei miti era un riflesso delle paure più profonde della società, in cui l'individuo che si allontanava dalla norma poteva essere visto come una minaccia.

Questa paura dell'alterità è rimasta un tema costante nelle leggende e nelle storie sui licantropi nel corso dei secoli. Anche oggi, la figura del licantropo continua a evocare timori legati alla diversità e alla trasformazione, rendendoli uno dei mostri più iconici e complessi del mondo delle creature leggendarie.

Alcune teorie sulle origini dei licantropi suggeriscono che le trasformazioni di queste creature siano innescate da eventi traumatici, creando così leggende di licantropi tormentati. Questa prospettiva offre un'interessante angolazione sull'origine di questa maledizione e sulle sofferenze che i licantropi potrebbero affrontare.

Secondo queste teorie, un individuo potrebbe diventare un licantropo a seguito di un evento traumatico che ha profondamente colpito la sua psiche. Questo trauma potrebbe essere causato da esperienze violente, abusi, o situazioni estreme che hanno scosso la mente umana. In risposta a tali eventi, si credeva che l'individuo potesse subire una sorta di "rottura" mentale che lo avrebbe portato a perdere il controllo e a trasformarsi in una bestia durante la notte.

Questa interpretazione delle origini dei licantropi aggiungeva un elemento di tragica sofferenza alla loro condizione. I licantropi non erano semplicemente mostri malvagi, ma individui che avevano subito orrori inimmaginabili e che erano intrappolati in un ciclo di sofferenza. La loro trasformazione notturna era vista come un'ulteriore punizione per i loro peccati o per le tragedie che avevano vissuto.

Le leggende di licantropi tormentati spesso affrontano temi di colpa, redenzione e lotta contro le proprie inclinazioni bestiali. Questi racconti offrono una visione più compassionevole dei licantropi, mettendo in evidenza il loro conflitto interiore e la loro disperata ricerca di un rimedio alla loro maledizione.

Questa prospettiva psicologica e emotiva sulle origini dei licantropi ha contribuito a dare profondità e complessità a questa figura leggendaria, andando oltre la semplice rappresentazione di un mostro feroce. Nelle prossime sezioni, esploreremo ulteriormente come le credenze nei licantropi abbiano attraversato le epoche storiche e le diverse culture, consolidando la loro presenza nell'immaginario collettivo.

Le credenze religiose hanno svolto un ruolo significativo nella percezione dei licantropi e delle loro origini nel corso della storia. Diverse religioni e credenze spirituali hanno influenzato le teorie sulle maledizioni dei licantropi, aggiungendo un elemento di significato spirituale e morale a questa figura leggendaria.

In molte culture, la trasformazione di un individuo in un licantropo era vista come una punizione divina per i peccati commessi. Si credeva che coloro che si erano allontanati dalla retta via o avevano violato le leggi divine potessero essere condannati a diventare licantropi come castigo per le loro azioni. Questa interpretazione metteva in luce il ruolo delle credenze religiose nel plasmare la percezione dei licantropi come creature maledette e peccaminose.

Alcune tradizioni religiose, come il cristianesimo, vedevano i licantropi come esseri posseduti da forze demoniache o come vittime di possessione demoniaca. La lotta tra il bene e il male, la tentazione e la redenzione, era spesso un tema centrale nelle leggende dei licantropi, riflettendo le concezioni religiose sulla lotta tra l'umanità e le forze oscure.

Nelle culture in cui la natura e gli animali erano oggetto di culto o di venerazione religiosa, la figura del licantropo poteva essere vista come una fusione sacrilega tra l'umanità e la bestialità. Questo aspetto metteva in evidenza il ruolo delle credenze spirituali nella definizione dei confini tra l'umano e il divino.

Le credenze religiose hanno quindi contribuito a dare profondità e significato alle leggende dei licantropi, aggiungendo una dimensione spirituale alla loro maledizione. Queste influenze religiose hanno contribuito a modellare la percezione dei licantropi come creature oscure, spesso in lotta con le forze divine o demoniache.

Concludiamo questo capitolo mettendo in evidenza la differenza tra le credenze mitiche e la realtà scientifica riguardo alle trasformazioni umane in licantropi. È fondamentale adottare un approccio razionale mentre esaminiamo le diverse teorie sulle origini dei licantropi.

Mentre le leggende e le credenze mitiche ci hanno fornito una comprensione affascinante e spesso inquietante dei licantropi, dobbiamo ricordare che si tratta principalmente di narrazioni basate sulla fantasia e sull'immaginazione. Queste storie servono a incutere paura e meraviglia, a esplorare le paure umane più profonde e a catturare l'immaginazione del pubblico.

D'altra parte, la scienza e la razionalità ci invitano a esaminare le teorie sulle cause delle trasformazioni licantropiche con uno sguardo critico. Non esistono prove scientifiche affidabili che confermino l'esistenza reale dei licantropi o la possibilità di trasformazioni umane in creature simili a lupi. Le teorie genetiche, psicologiche, legate alla magia nera o alle credenze religiose sono spesso basate su congetture e superstizioni.

È importante mantenere una distinzione chiara tra la dimensione mitica dei licantropi, che fa parte del patrimonio delle leggende e delle storie dell'orrore, e la realtà scientifica, che non supporta l'esistenza di tali creature. Questo ci aiuta a navigare tra il mondo dell'immaginazione e il mondo basato su prove concrete, mantenendo un equilibrio tra il fascino delle leggende e il rigore della razionalità.

Nelle prossime sezioni, esamineremo ulteriormente le leggende dei licantropi nel corso della storia, esplorando come si siano evolute e adattate alle diverse culture e epoche, mantenendo sempre un occhio critico sulla realtà scientifica.

Capitolo 3
La Trasformazione in Licantropo

La trasformazione in un licantropo è un processo tanto enigmatico quanto tenebroso, che sfida la stessa natura umana. Esplorare le fasi di questa metamorfosi è un viaggio nelle profondità dell'oscurità, un viaggio che conduce da una condizione umana alla manifestazione bestiale dei licantropi.

Il processo di trasformazione è innescato da una serie di fattori complessi e misteriosi che coinvolgono sia la fisicità che la psiche dell'individuo. Non è un semplice cambiamento, ma una mutazione completa che coinvolge corpo e mente, spingendo l'essere umano a abbracciare il lato più oscuro della sua esistenza.

Iniziamo il nostro viaggio esplorando le fasi iniziali della trasformazione. Quando un individuo si avvicina al momento critico, possono sperimentare segnali premonitori, come ansia, agitazione e un senso di inquietudine. Questi sintomi, spesso sottovalutati come stress o paura, sono in realtà il preludio alla metamorfosi imminente.

Man mano che la trasformazione si avvicina, il corpo dell'individuo inizia a subire cambiamenti drastici. Le ossa si allungano, le articolazioni si irrigidiscono, e i muscoli si espandono, preparando il corpo per la transizione in una forma bestiale. Il dolore è un compagno costante durante questo processo, un tormento che è parte integrante della metamorfosi.

Mentre il corpo si trasforma, la mente subisce un cambiamento altrettanto radicale. La coscienza umana cede il passo a istinti primordiali, e l'individuo perde il controllo su di sé. L'ira, la fame e l'istinto di cacciare diventano le forze dominanti, spingendo l'essere umano a un abisso di violenza e desiderio insaziabile.

La fame di carne fresca è uno degli aspetti più terrificanti della trasformazione. Il licantropo, una volta abbandonato ogni residuo di umanità, si getta nella caccia, cercando prede vulnerabili da divorare con una ferocia inimmaginabile. La brutalità di questa fase è in grado di terrorizzare chiunque si trovi nei paraggi.

Il controllo completo perduto durante la trasformazione è solo il preludio a una realizzazione altrettanto spaventosa. Quando il licantropo torna alla sua forma umana, deve affrontare le terribili conseguenze delle sue azioni. La consapevolezza di ciò che ha fatto durante il periodo di metamorfosi può causare un senso di colpa e tormento che perdura nella mente dell'individuo.

Abbiamo appena toccato la superficie dell'orribile processo di trasformazione in licantropo. Proseguendo nel nostro viaggio, esploreremo ulteriormente gli aspetti più oscuri e terrificanti di questa metamorfosi, cercando di gettare luce sulla sua natura oscure e sinistra.

I licantropi sono creature vulnerabili a una serie di fattori scatenanti che possono innescare la loro terrificante trasformazione. È importante comprendere che questi fattori variano da individuo a individuo, ma alcuni sono universali nelle leggende e nelle credenze legate ai licantropi.

Il più noto di questi fattori è la luna piena. L'antica connessione tra i licantropi e la luna piena è una parte fondamentale delle leggende. Si crede che l'ascesa della luna piena abbia un'influenza diretta sulla trasformazione dei licantropi, scatenando un irresistibile desiderio di trasformarsi e cacciare. Questo periodo è particolarmente temuto poiché durante le notti di luna piena i licantropi sono al culmine della loro ferocia, rendendo il pericolo per gli esseri umani ancora più grave.

L'ira è un altro fattore potente che può scatenare la trasformazione dei licantropi. Quando un licantropo sperimenta un'esplosione di rabbia o un profondo senso di furia, il suo corpo e la sua mente possono reagire istintivamente, spingendolo verso la metamorfosi. È come se l'ira fungesse da catalizzatore, liberando la bestia interiore e facendo sì che la trasformazione sia inevitabile.

Il desiderio di cacciare è un terzo fattore che gioca un ruolo cruciale. Il licantropo, essendo una creatura predatrice, è costantemente afflitto dal desiderio di cacciare e nutrirsi di carne fresca. Questo desiderio insaziabile può diventare così travolgente da innescare la trasformazione, spingendo l'individuo a cercare prede durante la notte.

Va notato che questi fattori spesso interagiscono tra loro. Ad esempio, la luna piena può aumentare l'irritabilità e l'ira di un licantropo, rendendo più probabile una trasformazione. Allo stesso modo, il desiderio di cacciare può essere intensificato dalla luna piena, creando una sinergia che rende la trasformazione inevitabile.

Inoltre, è importante sottolineare che i licantropi non hanno alcun controllo su questi fattori scatenanti. Quando si trovano di fronte a uno di essi, la loro metamorfosi è inevitabile, e l'individuo è costretto a cedere alla sua natura bestiale.

Questi fattori scatenanti rappresentano una minaccia costante per gli esseri umani nelle leggende dei licantropi, poiché anche la più piccola provocazione o il più insignificante cambiamento può innescare una trasformazione che trasforma il licantropo in una minaccia pericolosa e spaventosa per chiunque si trovi nel suo cammino.

La luna piena, con la sua luce argentea che inonda il cielo notturno, ha un ruolo centrale e sinistro nelle leggende dei licantropi. È considerata un potentissimo catalizzatore nella trasformazione di un essere umano in un licantropo, e questa connessione tra la luna piena e la maledizione dei licantropi è stata al centro delle credenze e delle paure dell'umanità per secoli.

Nelle leggende, la luna piena è vista come un momento di massimo pericolo. Si crede che la sua luce abbia un'influenza diretta sulla biologia e la psicologia dei licantropi, scatenando un desiderio irresistibile di trasformarsi e cacciare. È come se la luna stessa avesse il potere di risvegliare la bestia che alberga all'interno di ogni licantropo, liberando la sua ferocia e la sua sete di sangue.

Questa connessione tra luna piena e trasformazione licantropa ha generato una serie di tradizioni e superstizioni. In molte culture, la luna piena è vista come un momento in cui è meglio evitare di uscire di notte, poiché il pericolo dei licantropi è massimo. Le persone tendono a chiudersi in casa, a trattenere i propri animali domestici e a prendere precauzioni extra per proteggersi.

Storicamente, la luna piena è stata associata a diverse credenze legate all'occultismo e alla magia nera. Si pensava che durante la luna piena, i licantropi fossero più potenti e che la loro trasformazione fosse più intensa. Questo ha alimentato la paura e il terrore nei confronti della luna piena, poiché la sua luce era vista come un segno premonitore di pericolo imminente.

Le rappresentazioni artistiche dei licantropi spesso ritraggono la trasformazione avvenire sotto il chiarore della luna piena, con il corpo umano che si contorce e si distorce mentre assume le fattezze di un lupo feroce. Questa immagine iconica ha contribuito a rafforzare l'associazione tra la luna piena e la maledizione dei licantropi nella cultura popolare.

L'ira, quell'emozione intensa che può far ribollire il sangue e far perdere il controllo di sé, riveste un ruolo significativo nel processo di trasformazione dei licantropi. È un'emozione che può scatenare il cambiamento da essere umano a bestia, portando a comportamenti violenti e feroci che sono una caratteristica distintiva delle leggende dei licantropi.

Nei racconti di licantropi, l'ira è spesso descritta come un catalizzatore potente che induce la trasformazione. Quando un licantropo è travolto dall'ira, il suo corpo e la sua mente subiscono una metamorfosi rapida e spaventosa. La furia che avverte è come un'onda che lo travolge, trasformandolo in una creatura letale.

Si crede che l'ira possa essere innescata da diverse situazioni, come provocazioni, minacce o situazioni di stress estremo. Quando un licantropo è esposto a queste emozioni intense, il suo corpo reagisce in modo brutale. La pelle si ispessisce, le ossa si allungano e si rafforzano, e i muscoli si gonfiano, conferendo una forza sovrumana al licantropo in trasformazione.

La mente del licantropo durante l'ira è spesso offuscata, priva di razionalità o compassione. La sua sete di sangue e la sua ferocia sono incontenibili, e spesso prende di mira chiunque si trovi nel suo cammino. Questa perdita di controllo è uno degli aspetti più temuti delle leggende dei licantropi, poiché rende queste creature ancora più pericolose quando sono in preda all'ira.

La rappresentazione dell'ira come motore di trasformazione nei racconti di licantropi mette in luce la fragilità dell'equilibrio tra l'umanità e la bestialità all'interno di queste creature leggendarie. È come se l'ira potesse risvegliare il lupo interiore che risiede in ognuno di noi, mettendo in pericolo la razionalità e la compassione umana.

Il desiderio incontrollabile di cacciare è un elemento fondamentale nel processo di trasformazione dei licantropi. Questa sete di sangue spinge il licantropo a diventare una bestia feroce e implacabile, una minaccia per chiunque si trovi nel suo cammino.

Nelle leggende dei licantropi, il desiderio di cacciare è rappresentato come un impulso irresistibile. Quando un licantropo avverte questa brama, si trasforma in una creatura inarrestabile, guidata dall'istinto predatorio. La sua mente si offusca, e tutto ciò che conta è la ricerca di una preda da cacciare.

Si crede che questo desiderio possa essere innescato da molteplici fattori, tra cui la fame di carne fresca, l'odore del sangue, o anche la semplice presenza di potenziali vittime. È come se il licantropo fosse posseduto da una fame primordiale, un'urgenza biologica di cacciare e uccidere.

La trasformazione scatenata dal desiderio di cacciare è spesso descritta come una metamorfosi fisica e mentale completa. Il corpo del licantropo si modifica, diventando più forte, veloce e aggraziato, mentre la sua mente si sintonizza sulle tattiche di caccia più letali. La vista, l'udito e l'olfatto diventano eccezionalmente acuti, permettendo al licantropo di individuare anche la preda più sfuggente.

Il desiderio di cacciare è un elemento chiave che rende i licantropi così temibili nelle leggende. Quando questa brama si fa strada nella mente di un licantropo, non c'è ragione o compassione che possano fermarlo. La caccia diventa una ossessione, e chiunque si trovi nel suo percorso rischia di diventare vittima di questa creatura implacabile.

La metamorfosi fisica di un licantropo è un processo affascinante, ma allo stesso tempo angosciante e straordinariamente doloroso. Quando la trasformazione inizia, il corpo umano viene sottoposto a una serie di cambiamenti anatomici sorprendenti, che trasformano l'essere umano in una creatura lupina.

La trasformazione inizia di solito con una sensazione di bruciore intenso, come se il corpo fosse stato invaso da un fuoco interno. Questo dolore è insopportabile, e il licantropo può gemere e ululare mentre il suo corpo si contorce in risposta alle trasformazioni in corso. Le ossa si allungano e si incurvano, le articolazioni si trasformano e le mani e i piedi si allargano, prendendo la forma di artigli affilati. La pelle diventa ricoperta di peli ispessiti, e l'intero aspetto fisico del licantropo diventa sempre più simile a quello di un lupo.

Gli occhi umani si trasformano in occhi gialli e penetranti, dotati di una vista acuta da predatore. Le orecchie si allungano e si irrigidiscono, diventando simili a quelle di un lupo, capaci di udire anche il minimo movimento nel buio. L'olfatto si intensifica in modo sorprendente, permettendo al licantropo di percepire gli odori a chilometri di distanza.

Il cuore batte freneticamente durante la trasformazione, pompe sangue attraverso un sistema circolatorio modificato per sostenere il nuovo corpo lupino. I muscoli si ingrossano e diventano potenti, conferendo al licantropo una forza sovrumana. La bocca si allarga, rivelando denti affilati come lame, pronti a strappare la carne dalla preda.

La mente del licantropo subisce anch'essa una metamorfosi, diventando sempre più guidata dall'istinto animale. La razionalità umana si dissolve, lasciando spazio all'impulso primordiale di cacciare e uccidere. La fame di carne fresca diventa ossessione, e il licantropo è spinto da una sete di sangue inestinguibile.

La metamorfosi fisica di un licantropo è un processo impressionante e doloroso che trasforma completamente l'essere umano in una creatura lupina. Questi cambiamenti anatomici, accompagnati da un dolore insopportabile, rendono i licantropi esseri terribili e imprevedibili, pronti a cacciare e uccidere senza pietà quando si trasformano.

La metamorfosi di un licantropo coinvolge non solo il corpo, ma anche la mente, portando a una profonda trasformazione della personalità e della coscienza umana. Questa metamorfosi mentale è un aspetto oscuro e inquietante del processo licantropico, che rende gli individui totalmente diversi da quando erano umani.

Durante la trasformazione, la mente umana viene sopraffatta da un'ondata di istinti animali primordiali. La razionalità e la coscienza dell'essere umano si sgretolano, lasciando spazio all'impulso di cacciare e uccidere. I pensieri umani vengono oscurati dalla fame di carne fresca e dalla sete di sangue, e il licantropo diventa incapace di controllare i propri desideri bestiali.

La personalità umana scompare completamente, sostituita da una ferocia primitiva. Il licantropo perde ogni traccia di empatia e compassione, diventando un predatore spietato. La mente si adatta alla vita da bestia, concentrata solo sulla sopravvivenza e sulla caccia. L'aggressività, la furia e la brutalità diventano gli attributi dominanti del comportamento del licantropo.

La metamorfosi mentale è una parte fondamentale del mito dei licantropi, ed è spesso rappresentata come una battaglia interna tra la parte umana e quella animale dell'essere. Tuttavia, alla fine, è l'istinto animale che prevale, portando a comportamenti violenti e sanguinari.

La metamorfosi mentale durante la trasformazione di un licantropo è un processo che stravolge la personalità umana, sostituendola con istinti animali aggressivi e violenti. Questa parte oscura della leggenda dei licantropi contribuisce a farli apparire come creature terribili e pericolose, prive di qualsiasi controllo sulla loro sete di sangue.

La fame è un elemento cruciale che accompagna la trasformazione licantropica. Durante questa metamorfosi, il licantropo sperimenta un desiderio insaziabile per la carne fresca, un'appetibilità che sfiora l'ossessione. È un aspetto oscuro e disturbante del processo che influisce profondamente sul comportamento del licantropo, spingendolo a una caccia sanguinaria.

La fame che affligge il licantropo durante la trasformazione è diversa da qualsiasi desiderio umano. È una fame primordiale, istintiva e incontrollabile, che supera qualsiasi freno morale o etico. Il licantropo è spinto dalla necessità di cacciare e divorare la carne umana o animale, un impulso che domina ogni altro pensiero.

Questa fame insaziabile è il motore principale di molti atti di violenza commessi dai licantropi. Durante la loro trasformazione, sono disposti a tutto pur di soddisfare la loro sete di carne. Questo comportamento li rende una minaccia costante per chiunque si trovi nel loro percorso, poiché non conoscono alcuna pietà o compassione.

È importante sottolineare che il licantropo non caccia per necessità alimentare, ma piuttosto per un desiderio sanguinario che sembra non avere fine. Anche dopo aver cacciato e consumato carne, la loro fame persiste, spingendoli a cercare altre vittime. Questo ciclo incessante di violenza è uno degli aspetti più terrificanti della leggenda dei licantropi.

La fame durante la trasformazione licantropica è un'ossessione incontrollabile per la carne fresca, un impulso primordiale che guida il licantropo a una caccia sanguinaria senza pietà. Questo elemento contribuisce a rendere i licantropi creature temute e pericolose, prive di qualsiasi controllo sulla loro fame insaziabile.

La trasformazione in un licantropo è accompagnata da una profonda e preoccupante perdita di controllo. Durante questo processo, il licantropo perde il dominio su se stesso, sia fisicamente che mentalmente, e ciò li rende estremamente pericolosi per chiunque si trovi nelle vicinanze.

Dal momento in cui inizia la metamorfosi, il licantropo è impotente di fronte alla sua trasformazione in una bestia. I suoi sensi umani si sbiadiscono, sostituiti da un istinto animale primordiale e selvaggio. La sua mente, una volta razionale e umana, è ora travolta da una sorta di nebbia, e il licantropo diventa incapace di ragionare o prendere decisioni basate sulla moralità.

Questo stato di perdita di controllo è un elemento centrale nelle leggende dei licantropi, poiché li rende inarrestabili e imprevedibili. I licantropi sono spinti dai loro istinti più primitivi, come la fame e la sete di sangue, e sono disposti a tutto pur di soddisfarli. Questa mancanza di controllo li rende pericolosi non solo per gli estranei, ma spesso anche per le persone a loro care, che possono diventare vittime involontarie della loro furia.

È importante sottolineare che i licantropi, una volta tornati umani dopo la trasformazione, spesso non hanno alcun ricordo delle atrocità commesse durante il loro stato bestiale. Questa amnesia li tormenta, poiché si rendono conto dell'incapacità di controllare i propri impulsi licantropici.

I licantropi, una volta tornati umani dopo la loro trasformazione, devono affrontare le gravi conseguenze dei loro atti. Questo momento è spesso caratterizzato da una tormentata consapevolezza di ciò che hanno fatto durante il loro stato bestiale, il che può causare sensi di colpa e una profonda angoscia nell'individuo.

La realizzazione dei propri atti violenti e sanguinari può essere devastante per il licantropo. Mentre durante la trasformazione erano incapaci di controllo e razionalità, ora devono fare i conti con le terribili azioni compiute sotto l'influenza della loro parte animale. Questa presa di coscienza può portare a sensi di colpa intensi e a una lotta interiore tra la loro natura umana e quella licantropica.

Spesso, i licantropi si trovano a cercare di giustificare o razionalizzare le loro azioni, pur sapendo che hanno compiuto atti orribili. Questo conflitto interno può causare un profondo tormento emotivo, spingendo alcuni a cercare redenzione o perdono per i loro peccati.

Inoltre, la fuga dalle conseguenze non riguarda solo il senso di colpa, ma anche la paura delle possibili ritorsioni o delle leggi umane. Se le loro azioni violente sono state scoperte, i licantropi potrebbero trovarsi in fuga dalla giustizia umana, aggiungendo ulteriore tensione alla loro condizione.

In conclusione, il momento in cui i licantropi tornano umani è spesso un'esperienza emotivamente straziante. La consapevolezza delle loro azioni durante la trasformazione può causare sensi di colpa profondi e tormento interiore, aggiungendo un ulteriore strato di complessità a questa oscura e sinistra leggenda.

Capitolo 4
Storia dei Licantropi nel Mondo

Nel corso dei millenni, le rappresentazioni dei licantropi hanno permeato le culture di tutto il mondo, gettando le basi per il concetto di queste creature oscure e inquietanti. È affascinante esplorare come diverse civiltà abbiano contribuito a plasmare l'immaginario dei licantropi, spesso collegandoli a forze oscure e demoniache che hanno suscitato timore e terrore tra le persone.

In molte di queste culture, i licantropi erano visti come esseri maledetti, vittime di antiche maledizioni o intrappolati in una dualità tra umanità e bestialità. Le loro rappresentazioni erano spesso correlate a eventi notturni e situazioni in cui l'oscurità prevaleva, come la luna piena, momento in cui si credeva che avvenisse la trasformazione.

In alcune culture, come quella greca, i licantropi erano associati a divinità o figure mitiche. Ad esempio, il mito di Lycaon, re dell'Arcadia, racconta di un uomo trasformato in lupo come punizione divina per aver servito carne umana agli dei durante un banchetto. Questo mito è una delle prime testimonianze delle rappresentazioni dei licantropi nella storia.

Nella mitologia nordica, i licantropi erano legati ai guerrieri berserker, i quali si trasformavano in un frenetico stato di furia durante la battaglia, assumendo comportamenti simili a quelli di lupi o orsi. Questi guerrieri erano considerati invincibili durante la loro trasformazione, ma pagavano un prezzo elevato in termini di perdita di controllo e umanità.

Anche le culture asiatiche avevano le proprie versioni di creature simili ai licantropi, come i "Huli Jing" cinesi, spesso descritti come donne affascinanti che si trasformavano in volpi per ingannare gli uomini. Questi miti riflettevano la percezione di creature che potevano assumere sembianze umane e animali per ingannare o causare problemi agli esseri umani.

In ogni cultura, le rappresentazioni dei licantropi erano intrise di superstizione, paura e mistero. Questi esseri erano spesso associati a forze oscure, magia nera e vendette divine. Nel corso della storia, queste rappresentazioni si sono evolute, influenzando la percezione dei licantropi come creature che incarnano il lato oscuro dell'umanità e la paura dell'ignoto.

È interessante notare come le rappresentazioni dei licantropi abbiano attraversato le epoche, mantenendo il loro status di creature leggendarie e inquietanti, capaci di suscitare timore e curiosità in egual misura. Questa evoluzione culturale e storica delle rappresentazioni dei licantropi è un elemento affascinante da esplorare nel contesto delle credenze legate all'occultismo, ai licantropi e alla magia nera.

Le leggende e i racconti di licantropi hanno una storia lunga e complessa che abbraccia diverse culture e epoche. Da antiche storie greche a racconti popolari medievali, queste narrazioni hanno catturato l'immaginazione delle persone attraverso i secoli, creando una mitologia ricca e variegata intorno a queste creature temute e misteriose.

Nell'antica Grecia, il mito di Lycaon è uno dei primi esempi di licantropia nella storia. Lycaon, re dell'Arcadia, viene punito da Zeus per aver servito carne umana durante un banchetto divino. Come punizione, Zeus lo trasforma in un lupo. Questo mito rappresenta una delle prime rappresentazioni di licantropi come individui maledetti da divinità e costretti a vivere come creature feroci.

Nel corso del Medioevo europeo, le leggende di licantropi si diffusero ampiamente, spesso in connessione con l'isteria delle streghe e dei licantropi. Le persone erano ossessionate dalla paura di queste creature che si credeva potessero trasformarsi in lupi durante la notte e compiere atti orribili. Questi racconti alimentarono l'immaginario collettivo e contribuirono a creare la percezione dei licantropi come nemici dell'umanità.

In alcune culture, come quella nordica, i licantropi erano associati ai berserker, guerrieri che si credeva potessero trasformarsi in creature simili a lupi o orsi durante la battaglia. Questi guerrieri erano temuti per la loro ferocia incontrollabile in battaglia e rappresentavano l'idea di un'umanità che poteva cedere alla bestialità.

Le leggende dei licantropi continuarono a evolversi nel corso dei secoli, con contributi da parte di diverse culture e tradizioni. I racconti di lupi mannari, uomini o donne che potevano assumere sembianze di lupo, erano diffusi in Europa e in altre parti del mondo. Questi racconti riflettevano la paura dell'ignoto, della natura selvaggia e dei pericoli della notte.

Il periodo medievale è stato testimone di un'isteria diffusa riguardante streghe e licantropi, un periodo oscuro della storia europea che ha contribuito a consolidare la percezione dei licantropi come creature malvagie legate alla magia nera. Questa epoca è stata segnata da credenze profondamente radicate che hanno influenzato la mentalità delle persone e hanno portato a una caccia spietata contro coloro che venivano sospettati di essere streghe o licantropi.

L'isteria delle streghe e dei licantropi era alimentata da una combinazione di fattori, tra cui la paura dell'ignoto, la superstizione, la diffidenza verso la natura selvaggia e il desiderio di trovare un capro espiatorio per le difficoltà e le tragedie dell'epoca. La chiesa cattolica aveva un ruolo significativo in questo processo, poiché condannava l'eresia e la magia nera, spingendo molte persone a credere che le streghe e i licantropi fossero agenti del diavolo.

La "caccia alle streghe" divenne una pratica comune, con tribunali specializzati nel processare coloro che venivano accusati di pratiche magiche o di essere licantropi. Le persone accusate venivano sottoposte a interrogatori brutali e tortura, spesso costrette a confessare di essere streghe o licantropi anche se le loro confessioni erano estorte con la forza.

Le leggende dei licantropi erano spesso intrecciate con quelle delle streghe, e si credeva che queste creature potessero trasformarsi in lupi per compiere atti malvagi. I licantropi venivano associati alla magia nera e alla pratica di arti oscure, alimentando la paura e la paranoia tra la popolazione.

L'isteria delle streghe e dei licantropi raggiunse il suo apice tra il XVI e il XVII secolo, con migliaia di persone perseguitate, torturate e condannate a morte in Europa. Questo periodo buio della storia ha lasciato un segno indelebile nella percezione dei licantropi, associandoli per sempre a un'immagine di terrore, maleficio e magia nera.

Il periodo medievale è stato caratterizzato da un'isteria diffusa riguardante streghe e licantropi, una caccia spietata che ha contribuito a consolidare la percezione di questi esseri come creature oscure e pericolose, legate alla magia nera e al diavolo. Questo capitolo oscuro della storia europea rimane una testimonianza delle credenze e delle paure profonde che hanno plasmato la percezione dei licantropi nel corso dei secoli.

Nelle culture antiche, la credenza nella possibilità della trasformazione umana in licantropi era diffusa e contribuiva a alimentare la paura e il mistero legati a queste creature. Questa convinzione era radicata in antiche credenze pagane, leggende e mitologie che si estendevano in tutto il mondo, da varie parti dell'Europa all'Asia, all'Africa e alle Americhe.

La credenza nella trasformazione umano-lupina era spesso associata a rituali magici, incantesimi o maledizioni. In molte culture, si credeva che attraverso tali pratiche occulte, una persona potesse ottenere il potere di mutare forma da umano a lupo o a una creatura simile. Queste credenze erano spesso connesse a divinità o spiriti della natura, e si pensava che la trasformazione potesse conferire forza sovrumana, agilità e ferocia.

Le storie e le leggende riguardanti i licantropi spesso narravano di individui che venivano maledetti o infettati da altri licantropi, diventando così portatori della trasformazione. Era comune credere che la trasformazione potesse essere innescata da eventi specifici, come l'ingestione di carne di lupo o l'esposizione a determinati rituali magici durante la luna piena.

In alcune culture, si riteneva che la trasformazione fosse volontaria, mentre in altre veniva vista come una condanna imposta da forze oscure o come risultato di un patto con il diavolo. Queste credenze contribuivano a creare un'atmosfera di terrore e sospetto nei confronti di coloro che venivano sospettati di essere licantropi.

La paura della trasformazione in licantropi era alimentata dalle storie di attacchi feroci attribuiti a queste creature, che sembravano agire principalmente durante la notte o durante la luna piena. Le testimonianze di tali attacchi spesso rafforzavano la convinzione nella possibilità della trasformazione.

Le leggende dei licantropi non sono limitate alle culture occidentali; anche in Asia esistono racconti affascinanti che narrano di creature umano-lupine. Queste storie rivelano la presenza di miti e credenze simili, sebbene con sfumature culturali uniche.

In Cina, ad esempio, le leggende dei "Huli Jing" o "Volpi Azzurre" raccontano di creature che possono trasformarsi da volpi in esseri umani e viceversa. Queste creature sono spesso ritratte come affascinanti e seducenti, ma anche pericolose, in grado di ingannare gli umani con il loro aspetto umano prima di rivelare la loro vera natura. La capacità di cambiare forma è considerata una delle loro caratteristiche più potenti.

In Giappone, le leggende dei "Nüwá" o "Tamamo-no-Mae" presentano una figura simile, una volpe che può assumere le sembianze di una bellissima donna. Queste creature sono spesso associate a poteri sovrannaturali e magia, e possono causare problemi agli esseri umani. La figura del "Nüwá" è spesso raffigurata come una figura ambivalente, in grado di portare fortuna o calamità.

In altre parti dell'Asia, come l'India, esistono leggende simili di creature che possono cambiare forma tra umano e animale. Queste storie riflettono la complessità delle credenze legate ai licantropi in tutto il mondo, evidenziando come l'idea della trasformazione umano-lupina sia stata parte integrante di molte culture.

Queste leggende asiatiche dei licantropi ci mostrano come il concetto di creature che possono mutare forma tra esseri umani e animali sia stato presente in tutto il mondo, spesso collegato a poteri sovrannaturali e ambiguità morale. Questi racconti offrono una panoramica affascinante della diversità delle credenze legate ai licantropi nel corso della storia e nelle diverse culture.

I licantropi hanno da tempo esercitato un'attrazione oscura e affascinante sull'arte e la letteratura, contribuendo a plasmare la cultura popolare con le loro presenze ambigue e spesso spaventose. L'influenza dei licantropi può essere rintracciata in opere d'arte, racconti e romanzi, che hanno contribuito a diffondere il mito e la paura di queste creature.

Nell'arte, i licantropi sono stati ritratti in vari modi. Dalle antiche incisioni rupestri che raffiguravano creature dall'aspetto umano e animale, alle opere d'arte più recenti che li presentano come figure inquietanti in paesaggi notturni, i licantropi hanno ispirato artisti di diverse epoche. Queste rappresentazioni spesso evocano una sensazione di mistero e terrore, catturando l'immaginazione dello spettatore e suscitando interrogativi sul confine tra umano e bestiale.

Nella letteratura, i licantropi hanno avuto un ruolo significativo nella creazione di racconti di orrore e suspense. Romanzi come "Il lupo dei D'Amberville" di Montague Summers o "Il licantropo" di Robert McCammon hanno portato avanti il mito dei licantropi, esplorando le loro trasformazioni oscure e le conseguenze delle loro azioni. Questi racconti spesso mettono in evidenza il conflitto tra l'umanità e la bestialità all'interno del protagonista licantropo, offrendo una riflessione profonda sull'oscurità dell'animo umano.

L'influenza dei licantropi si estende anche alla cultura popolare contemporanea, con numerosi film, serie televisive e fumetti che esplorano il tema della trasformazione licantropica. Queste opere continuano a plasmare la percezione dei licantropi come creature spaventose e, allo stesso tempo, affascinanti.

Le credenze religiose hanno svolto un ruolo significativo nella percezione dei licantropi come creature malvagie e dannate. In molte culture e religioni, i licantropi sono stati associati a forze demoniache e al male, contribuendo a consolidare la loro reputazione oscura.

Nella cristianità, ad esempio, i licantropi sono stati considerati come una manifestazione del peccato e della corruzione dell'anima umana. La trasformazione in un licantropo veniva vista come una punizione divina per gli individui che avevano commesso atti malvagi o erano posseduti da forze demoniache. Questa associazione con il peccato ha contribuito a creare un forte stigma attorno ai licantropi, che venivano spesso considerati come individui dannati in cerca di redenzione.

In altre tradizioni religiose, come il paganesimo e le credenze dei nativi americani, i licantropi potevano essere considerati guardiani di confini tra il mondo umano e spirituale o come entità legate agli spiriti animali. Tuttavia, anche in queste culture, c'era spesso una connessione tra i licantropi e la magia nera, con l'uso di pratiche oscure per acquisire la capacità di trasformarsi.

La demonizzazione dei licantropi nelle credenze religiose ha avuto un impatto duraturo sulla percezione di queste creature, contribuendo a diffondere la paura e l'avversione nei loro confronti. Anche se nel corso del tempo la percezione dei licantropi è cambiata e si è evoluta, l'associazione con il male e le forze demoniache continua a essere una parte significativa della loro mitologia.

I licantropi hanno guadagnato un posto speciale nella cultura popolare moderna, grazie soprattutto al cinema, alla televisione e alla letteratura contemporanea. Queste rappresentazioni hanno contribuito a mantenere viva la leggenda dei licantropi, raffigurandoli come creature affascinanti e pericolose.

Nel cinema, i licantropi hanno avuto un impatto significativo sin dai primi film horror. Opere iconiche come "L'Uomo Lupo" (1941) e "Un lupo mannaro americano a Londra" (1981) hanno reso i licantropi famosi sul grande schermo. Questi film hanno dipinto la trasformazione in licantropo come un processo doloroso e terrificante, e hanno catturato l'immaginazione del pubblico.

Le serie TV, come "Buffy l'ammazzavampiri" e "Teen Wolf," hanno anche esplorato il tema dei licantropi in modi unici, mescolando elementi horror con drammi adolescenziali e intrighi sovrannaturali. Queste serie hanno reso i licantropi più accessibili a un pubblico giovane e hanno contribuito a mantenerli rilevanti nella cultura popolare.

Nella letteratura contemporanea, autori come Anne Rice con la serie "Le Cronache dei Vampiri" e Patricia Briggs con la serie "Mercy Thompson" hanno esplorato il mondo dei licantropi in modo approfondito, creando narrazioni complesse e affascinanti intorno a questi personaggi. I licantropi sono spesso raffigurati come esseri in lotta con la loro natura duale, cercando di conciliare il loro lato umano con il loro istinto animale.

Inoltre, i licantropi sono diventati icone della cultura gotica e dell'estetica dark, con molte band musicali e artisti che incorporano immagini di lupi mannari nelle loro opere.

I licantropi sono rimasti una parte vitale della cultura popolare moderna, continuando a incantare e spaventare il pubblico con la loro dualità tra uomo e bestia, e la loro rappresentazione affascinante e pericolosa.

Le leggende dei licantropi hanno avuto un profondo impatto sulla psicologia delle persone, poiché hanno toccato le corde delle loro paure più profonde e delle loro ansie riguardo alla trasformazione e al lato oscuro dell'umanità. Queste storie hanno spesso riflettuto il nostro timore di perdere il controllo, di diventare qualcosa di diverso da noi stessi, di essere sopraffatti dai nostri istinti più primordiali.

La paura della trasformazione, in particolare, è una tematica centrale nelle leggende dei licantropi. Questa paura può essere vista come una manifestazione delle nostre paure interiori di perdere il controllo sulle nostre vite o di essere dominati da forze che non comprendiamo completamente. La trasformazione in un licantropo rappresenta una perdita di identità e di umanità, un tema che ha radici profonde nella psicologia umana.

Inoltre, le leggende dei licantropi ci mettono di fronte alla nostra stessa natura animale e ai nostri istinti più oscuri. Questa riflessione può suscitare ansie riguardo alla nostra capacità di fare del male agli altri o alla possibilità che ciascuno di noi abbia un lato oscuro che potrebbe emergere in situazioni estreme.

Nel complesso, le leggende dei licantropi agiscono come specchi delle nostre paure più profonde e delle nostre ansie più oscure, facendoci esplorare la complessità della natura umana. Ci costringono a confrontarci con la paura della trasformazione, con la perdita di controllo e con la dualità della nostra stessa esistenza, influenzando così profondamente la nostra psicologia collettiva.Le leggende dei licantropi hanno avuto un profondo impatto sulla psicologia delle persone, poiché hanno toccato le corde delle loro paure più profonde e delle loro ansie riguardo alla trasformazione e al lato oscuro dell'umanità. Queste storie hanno spesso riflettuto il nostro timore di perdere il controllo, di diventare qualcosa di diverso da noi stessi, di essere sopraffatti dai nostri istinti più primordiali.

La paura della trasformazione, in particolare, è una tematica centrale nelle leggende dei licantropi. Questa paura può essere vista come una manifestazione delle nostre paure interiori di perdere il controllo sulle nostre vite o di essere dominati da forze che non comprendiamo completamente. La trasformazione in un licantropo rappresenta una perdita di identità e di umanità, un tema che ha radici profonde nella psicologia umana.

Inoltre, le leggende dei licantropi ci mettono di fronte alla nostra stessa natura animale e ai nostri istinti più oscuri. Questa riflessione può suscitare ansie riguardo alla nostra capacità di fare del male agli altri o alla possibilità che ciascuno di noi abbia un lato oscuro che potrebbe emergere in situazioni estreme.

Nel complesso, le leggende dei licantropi agiscono come specchi delle nostre paure più profonde e delle nostre ansie più oscure, facendoci esplorare la complessità della natura umana. Ci costringono a confrontarci con la paura della trasformazione, con la perdita di controllo e con la dualità della nostra stessa esistenza, influenzando così profondamente la nostra psicologia collettiva.

Nonostante il passare dei secoli e l'evolversi della società, i licantropi continuano a persistere nella cultura contemporanea, dimostrando la loro duratura influenza nell'immaginario collettivo. Queste creature, che un tempo incutevano terrore nelle notti oscure dell'Europa medievale, sono diventate icone della cultura popolare moderna, e la loro presenza rimane costante nei nostri racconti, film, serie TV, romanzi e persino nei giochi video.

Nel cinema, i licantropi hanno ottenuto una presenza iconica grazie a film come "Il lupo mannaro di Londra" del 1935 e, più recentemente, alla serie di film "Underworld" e "Twilight," che hanno portato il mito del licantropo a un nuovo pubblico. Le rappresentazioni di licantropi come creature pericolose e affascinanti hanno catturato l'immaginazione di milioni di spettatori e continuano a farlo ancora oggi.

Nella letteratura, i licantropi hanno lasciato il segno in romanzi come "Il lupo della steppa" di Hermann Hesse e "La figlia del sangue" di Anne Bishop. Questi romanzi esplorano le tematiche complesse legate alla trasformazione e all'identità, contribuendo a mantenere viva la leggenda dei licantropi anche nel mondo della narrativa contemporanea.

Le serie TV come "Teen Wolf" e "Penny Dreadful" hanno aggiunto ulteriore profondità alla rappresentazione dei licantropi, esplorando le sfaccettature complesse di queste creature e mettendo in scena drammi umani intrecciati con elementi sovrannaturali.

Anche nei giochi video, i licantropi sono presenti, offrendo ai giocatori la possibilità di esplorare il loro lato oscuro in titoli come "The Elder Scrolls V: Skyrim" e "Bloodborne."

La persistente presenza dei licantropi nella cultura contemporanea è una testimonianza del loro potere come simboli di trasformazione, dualità e lotta interiore. Queste creature oscure e affascinanti continuano a intrigare e spaventare, dimostrando che il loro richiamo perdura attraverso le epoche, continuando a influenzare la nostra immaginazione e a farci riflettere sulla complessità della natura umana.

Capitolo 5
La Biologia dei Licantropi

Nel tentativo di gettare luce sul misterioso fenomeno delle trasformazioni licantropiche, dobbiamo esplorare le possibili spiegazioni scientifiche che potrebbero sottostare a queste leggende sinistre e affascinanti. Sebbene la scienza moderna non abbia ancora confermato l'esistenza dei licantropi, è interessante indagare su come alcuni concetti scientifici potrebbero essere collegati alle credenze nei licantropi.

Uno degli aspetti più affascinanti da esaminare è la genetica. La genetica ci ha insegnato molto sull'ereditarietà dei tratti fisici e comportamentali negli esseri viventi. Potrebbe esserci una mutazione genetica sconosciuta o rara che contribuisce a creare individui con una predisposizione a manifestare comportamenti licantropici? Potrebbe esistere un gene "licantrope" che, se attivato o alterato in qualche modo, scatenerebbe le trasformazioni?

Oltre alla genetica, la psicologia potrebbe offrire alcune chiavi per comprendere le credenze nei licantropi. Le trasformazioni dei licantropi sono spesso associate a emozioni intense come l'ira o il desiderio di cacciare. Potrebbe esserci una spiegazione psicologica dietro queste credenze, come disturbi mentali o psicopatologie che portano a comportamenti violenti e animaleschi?

L'evoluzione è un altro aspetto da considerare. Potrebbe esserci una spiegazione evolutiva per la persistenza di queste credenze attraverso le culture e i secoli? Le trasformazioni in licantropi potrebbero essere state percepite come un adattamento comportamentale o fisico a un ambiente particolare, come una strategia di sopravvivenza in un mondo selvaggio e pericoloso?

Questi sono solo alcuni dei possibili collegamenti tra la scienza e le leggende dei licantropi. Sebbene la scienza non abbia ancora trovato prove concrete dell'esistenza dei licantropi, l'analisi delle spiegazioni scientifiche può aggiungere un nuovo livello di comprensione e sfida alla percezione di queste creature oscure. Ora, procederemo ad esaminare ulteriormente queste spiegazioni, cercando di gettare luce sulla biologia dei licantropi.

Nella nostra esplorazione della biologia dei licantropi, è fondamentale analizzare il ruolo centrale che il lupo ha giocato nelle leggende e nelle credenze associate a queste creature misteriose. Il lupo è stato per lungo tempo un simbolo potente, evocando una serie di emozioni e concetti che hanno contribuito alla creazione delle leggende licantropiche.

Il lupo è spesso stato visto come un simbolo di potenza e forza bruta. La sua abilità di cacciatore solitario, il suo adattamento all'ambiente naturale e il suo ululato notturno hanno suscitato una sensazione di rispetto e timore tra molte culture. Questa potenza attribuita al lupo è stata trasferita alle credenze nei licantropi, creando l'immagine di creature dotate di una forza sovrumana durante le loro trasformazioni.

Allo stesso tempo, il lupo è stato associato a una selvaggia ferocia. La sua capacità di uccidere per sopravvivere, la sua predilezione per la caccia notturna e la sua natura predatoria lo hanno reso un simbolo di crudele brutalità. Questo aspetto del lupo si riflette nei comportamenti violenti attribuiti ai licantropi durante le loro trasformazioni, in cui perdono il controllo e si abbandonano a una sete di sangue implacabile.

Inoltre, il lupo è stato considerato un animale misterioso e enigmatico. Il suo comportamento notturno e il suo ululato nel buio hanno contribuito a creare un'aura di mistero intorno a questo animale. Questa aura di mistero si riflette nelle leggende dei licantropi, che spesso coinvolgono trasformazioni avvenute nella notte e comportamenti enigmatici da parte delle creature.

Il lupo ha svolto un ruolo cruciale nella creazione delle leggende dei licantropi, fungendo da fonte di ispirazione per l'immagine di creature potenti, feroci e misteriose. La sua presenza nelle credenze licantropiche ha contribuito a dare vita a uno dei miti più affascinanti e temuti della storia umana.

Le credenze umane nella possibilità di trasformarsi hanno svolto un ruolo significativo nella formazione delle leggende dei licantropi. Queste credenze hanno radici profonde nelle aspirazioni umane di cambiamento e trasformazione, e la prospettiva di abbracciare un lato oscuro o più selvaggio di sé stessi ha sempre affascinato l'immaginazione umana.

Spesso, le persone desiderano sfuggire alla loro condizione umana limitata. Questo desiderio di evasione può essere dovuto a molteplici motivi, tra cui la ricerca di potere, la liberazione dai limiti della mortalità o l'attrazione per l'idea di vivere una vita diversa da quella quotidiana. Le leggende dei licantropi offrono una via d'uscita a questo desiderio di trasformazione, poiché permettono alle persone di immaginare di abbracciare un aspetto più selvaggio e primitivo di sé stesse, di scatenare istinti sopiti e di sentirsi potenti e indomabili.

Inoltre, l'idea di trasformarsi in un lupo o in una creatura simile ha il potere di risvegliare desideri repressi di libertà e avventura. Il lupo, con la sua natura selvaggia e il suo stile di vita nomade, rappresenta l'antitesi della vita umana convenzionale. Questa contrapposizione tra il lupo e l'umano può essere vista come un richiamo a un desiderio profondo di fuggire dalla routine e dalla civiltà, per abbracciare un'esistenza più primitiva e incontaminata.

Le credenze umane nella trasformazione sono state amplificate e plasmate nel corso dei secoli, dando vita a miti e leggende che affascinano ancora oggi. Questa influenza delle credenze umane sulla formazione dei miti licantropici dimostra quanto sia profondo e complesso il rapporto tra la psicologia umana e la creazione di storie che incutono timore e ammirazione nei confronti di creature come i licantropi.

L'analisi delle leggende dei licantropi ci conduce a un'importante riflessione sulle similitudini con leggende simili presenti in altre culture. Queste affascinanti connessioni possono offrire preziosi indizi sulla genesi e l'evoluzione di queste credenze in tutto il mondo.

In molte culture native americane, ad esempio, esistono leggende sui "skinwalker" o "yee naaldlooshii". Queste creature sono spesso descritte come stregoni o individui che possiedono il potere di trasformarsi in animali, inclusi lupi, coyote e altri animali selvaggi. Le similitudini tra le leggende dei licantropi europei e le storie dei "skinwalker" sono notevoli, poiché entrambe coinvolgono la trasformazione tra umano e animale, spesso con scopi malevoli o oscuri.

Nelle leggende asiatiche, come quelle dei "weretigers" o dei "Huli Jing" cinesi, troviamo ulteriori esempi di creature umane in grado di trasformarsi in animali, spesso tigri o volpi. Anche in queste storie, la metamorfosi rappresenta una connessione tra l'umanità e il regno animale, spesso associata a poteri soprannaturali o a una sorta di maledizione.

Queste similitudini suggeriscono che l'idea della trasformazione tra umano e animale sia profondamente radicata nella psiche umana e che si manifesti in culture diverse in modi simili. Potrebbero esserci ragioni più profonde e universali per questa credenza, come il desiderio di esplorare la propria natura animale o di sfuggire alla condizione umana.

Inoltre, queste connessioni culturali ci ricordano quanto le leggende e i miti abbiano potuto viaggiare attraverso le culture e le epoche, adattandosi e evolvendo per rispecchiare le paure e i desideri di diverse società. L'analisi delle leggende dei licantropi in relazione a queste altre credenze può illuminare aspetti comuni della natura umana e della nostra incessante ricerca di comprensione e significato nel mondo che ci circonda.

Le teorie sulle mutazioni genetiche legate alle trasformazioni dei licantropi costituiscono un campo di studio affascinante e allo stesso tempo misterioso. Mentre la biologia convenzionale non riconosce l'esistenza dei licantropi, è interessante esaminare come alcune ipotesi speculative possano tentare di spiegare tali trasformazioni.

Una teoria suggerisce che le mutazioni genetiche potrebbero essere responsabili delle trasformazioni dei licantropi. In particolare, alcune mutazioni nei geni potrebbero alterare l'anatomia e il comportamento di un individuo, portandolo a manifestare caratteristiche lupine durante la trasformazione. Queste mutazioni potrebbero influenzare la morfologia, rendendo possibili cambiamenti fisici sorprendenti, come lo sviluppo di arti artigliati o pelliccia.

Inoltre, queste mutazioni potrebbero avere un impatto sulla psicologia dell'individuo, portandolo a sperimentare un desiderio incontrollabile di cacciare e comportamenti aggressivi durante la trasformazione. La combinazione di mutazioni genetiche potrebbe, quindi, fornire una spiegazione a livello biologico per la metamorfosi licantropica.

Tuttavia, è importante sottolineare che queste teorie sono puramente speculative e non hanno alcun fondamento scientifico. La genetica moderna non ha riscontri di mutazioni genetiche che possano causare la trasformazione di un essere umano in un lupo. Inoltre, la biologia e la zoologia non riconoscono la possibilità di una simile metamorfosi.

Le leggende dei licantropi rimangono principalmente una parte del folclore e della cultura popolare, e qualsiasi spiegazione basata sulla genetica deve essere considerata come una pura fantasia. Tuttavia, queste teorie speculative contribuiscono all'atmosfera misteriosa e oscura che circonda il mito dei licantropi, alimentando la nostra immaginazione e la nostra curiosità riguardo a questi enigmatici esseri.

La luna ha sempre occupato un ruolo centrale nelle leggende dei licantropi, contribuendo a creare quell'atmosfera misteriosa e inquietante che circonda queste creature mitiche. In molte storie licantropiche, la trasformazione in un lupo avviene durante la notte di luna piena, quando il suo splendore risplende nel cielo notturno. Ma esiste una possibile spiegazione scientifica o biologica che possa collegare la luna alle trasformazioni dei licantropi?

Alcune teorie speculative suggeriscono che l'influenza della luna sulle maree oceaniche potrebbe avere un qualche effetto sul corpo umano, portando a cambiamenti fisici e comportamentali durante le notti di luna piena. Tuttavia, queste teorie sono ampiamente considerate pseudoscientifiche e prive di basi solide.

La realtà è che non esistono prove scientifiche che dimostrino un legame tra la luna e le trasformazioni licantropiche. La luna piena è stata semplicemente adottata come parte integrante del mito licantropo per creare un'atmosfera suggestiva e spaventosa. La sua luce notturna, il suo ciclo in costante cambiamento e la sua associazione con il mondo notturno hanno contribuito a consolidare la percezione delle notti di luna piena come momenti in cui i licantropi possono emergere dalla loro forma umana e abbracciare la loro natura lupina.

Il legame tra la luna e i licantropi è una parte fondamentale delle leggende, ma non ha una spiegazione scientifica valida. Rimane un elemento di fascino e mistero che alimenta il nostro interesse per queste storie oscure e suggestive.

Le leggende dei licantropi spesso attingono a un profondo elemento psicologico, poiché le trasformazioni sono spesso legate a emozioni intense o disturbi mentali. L'aspetto psicologico di queste credenze può gettare luce su come le persone nel passato abbiano cercato di spiegare e affrontare esperienze o comportamenti che non riuscivano a comprendere.

Alcune spiegazioni psicologiche proposte per le trasformazioni licantropiche includono disturbi mentali come la schizofrenia, la lupocefalia (una condizione medica rara in cui il cranio assomiglia a quello di un lupo), e persino disturbi della personalità multipla. Queste condizioni potrebbero portare a episodi di "trasformazione" in cui l'individuo percepisce di diventare un lupo o agisce in modi che ricordano il comportamento dei lupi.

Inoltre, le emozioni intense come la rabbia, l'ira o la disperazione possono contribuire a una sensazione di "perdita di controllo" che è spesso associata alle trasformazioni licantropiche. Le persone che hanno difficoltà a gestire queste emozioni potrebbero sviluppare il mito di una "bestia interiore" che emerge durante i momenti di crisi.

Va sottolineato che queste spiegazioni psicologiche sono speculazioni e non possono spiegare completamente le leggende dei licantropi. Tuttavia, dimostrano come l'elemento psicologico sia stato incorporato in queste storie per cercare di razionalizzare o interpretare comportamenti e esperienze misteriose. In definitiva, le leggende dei licantropi rimangono un affascinante intreccio di elementi biologici, psicologici e culturali che continuano a stimolare la nostra immaginazione.

L'ambiente naturale, con la sua maestosa bellezza e le sue minacce intrinseche, ha indubbiamente influenzato le leggende dei licantropi. In molte culture, la vita nelle foreste remote, nelle regioni selvagge o nelle terre desolate ha reso la lotta per la sopravvivenza una parte essenziale della vita quotidiana. In questo contesto, la figura del licantropo potrebbe essere stata creata per spiegare l'adattamento all'ambiente circostante.

Le leggende dei licantropi potrebbero aver fornito una sorta di spiegazione mitica a comportamenti o abilità eccezionali osservati in individui che vivevano in luoghi inospitati. Ad esempio, la loro capacità di navigare nei boschi bui o di cacciare animali selvatici potrebbe essere stata attribuita a una trasformazione in una forma più adatta all'ambiente selvaggio. In questo modo, il mito del licantropo serviva anche come una sorta di allegoria, sottolineando la connessione tra l'essere umano e la natura, e come l'ambiente potesse influenzare il comportamento umano.

Inoltre, l'ambiente naturale ha spesso una doppia natura: può essere attraente e affascinante da una parte, ma anche ostile e pericoloso dall'altra. Questa dualità si riflette nelle leggende dei licantropi, dove la trasformazione può rappresentare sia un'opportunità di adattarsi all'ambiente che una minaccia per gli altri esseri umani.

La fame insaziabile per la carne fresca, un elemento cruciale nelle leggende dei licantropi, può essere esaminata anche da una prospettiva biologica. In primo luogo, dobbiamo considerare che l'essere umano è un predatore di carne di lunga data nella catena alimentare. Le leggende dei licantropi, con la loro enfasi sulla caccia e la fame per la carne, potrebbero riflettere istinti ancestrali legati alla sopravvivenza.

La fame insaziabile nei racconti licantropici potrebbe anche essere collegata a disturbi alimentari o a squilibri ormonali. Alcune condizioni mediche, come la sindrome di Prader-Willi, possono portare a una fame incontrollabile e a comportamenti alimentari eccessivi. Questo tipo di disturbi potrebbe essere interpretato nelle leggende come la fame implacabile dei licantropi.

Dall'altro lato, le credenze culturali legate al lupo, spesso presenti nelle leggende dei licantropi, potrebbero anche contribuire a questa fame insaziabile. Il lupo è noto per essere un predatore vorace, e la sua immagine potrebbe aver influenzato la percezione dei licantropi come creature che devono costantemente nutrirsi di carne per sopravvivere.

La fame insaziabile nei racconti dei licantropi potrebbe essere spiegata da una combinazione di fattori biologici, come gli istinti ancestrali legati alla caccia, disturbi alimentari o squilibri ormonali, e influenze culturali legate alla figura del lupo. Questo elemento contribuisce a rendere i licantropi delle figure ancora più temibili e affamate di carne fresca nelle leggende.

La persistenza delle credenze licantropiche nel corso della storia può essere attribuita a diversi fattori complessi. In primo luogo, queste leggende toccano profondamente l'immaginazione umana. L'idea di una trasformazione fisica in una creatura bestiale, la lotta tra l'umanità e la bestialità, e la sfida alle norme sociali e morali sono temi che affascinano e inquietano allo stesso tempo. Questi elementi rendono le leggende dei licantropi intrinsecamente affascinanti e attraenti per le persone.

Inoltre, le credenze licantropiche sono state tramandate attraverso le generazioni grazie a racconti popolari, opere letterarie, film e altri mezzi di comunicazione. La cultura popolare ha contribuito a mantenere viva la figura del licantropo, spesso raffigurandola come una creatura misteriosa e pericolosa. Questa continua esposizione ha alimentato l'interesse e la paura nei confronti dei licantropi.

Le leggende dei licantropi possono anche essere considerate una sorta di metafora per gli aspetti oscuri dell'umanità stessa. Rappresentano la lotta tra la civiltà e l'istinto primitivo, il conflitto tra il controllo e la perdita di controllo. Questi temi sono universali e possono essere applicati a molte sfaccettature della vita umana, contribuendo così alla loro rilevanza continua.

Infine, la persistenza delle credenze licantropiche può anche essere attribuita al fascino dell'ignoto e dell'inexplicabile. Nonostante il progresso scientifico abbia spiegato molti fenomeni che in passato erano considerati soprannaturali, rimangono ancora molte domande senza risposta. Le leggende dei licantropi rappresentano il confine tra il noto e l'ignoto, incoraggiando la curiosità e l'interesse per il mistero.

In conclusione, le leggende dei licantropi persistono nel tempo grazie alla loro capacità di toccare aspetti profondi dell'umanità, alla continua esposizione nella cultura popolare e al loro potere di rappresentare temi universali. Queste credenze continuano a evocare paura e affascinazione, dimostrando la loro duratura influenza nella cultura e nell'immaginario collettivo.

Capitolo 6
Le Caratteristiche dei Licantropi

I licantropi, creature leggendarie e temute, sono conosciuti per la loro fisicità straordinaria che li rende uniche e pericolose. La loro descrizione fisica è al centro delle leggende e delle storie che circondano queste creature oscure. Dalla punta del naso al lembo delle dita artigliate, ogni aspetto del loro corpo è stato oggetto di speculazioni e miti.

Iniziamo dalla loro statura imponente, poiché i licantropi tendono ad essere più alti e massicci rispetto agli esseri umani. Il loro corpo è muscoloso e robusto, con arti potenti e articolazioni snodabili che permettono loro di muoversi con agilità e rapidità sorprendenti. La loro forza fisica è sovrumana, consentendo loro di compiere gesti straordinari, come sollevare pesi enormi o abbattere prede con facilità spaventosa.

La caratteristica distintiva dei licantropi è la loro pelle, spesso coperta da una fitta pelliccia. Questa pelliccia può variare in colore e lunghezza, ma è generalmente più spessa e ruvida rispetto a quella di un lupo comune. La pelliccia può variare da tonalità di grigio, nero o marrone e talvolta presenta sfumature rosse o argentate. La folta pelliccia serve a mantenerli caldi durante le fredde notti di caccia e ad aggiungere alla loro aura selvaggia e minacciosa.

Gli occhi dei licantropi sono un'altra caratteristica distintiva. Durante la loro trasformazione, gli occhi umani assumono una tonalità gialla o dorata, e la loro pupilla si restringe in modo simile a quella di un lupo. Questo cambiamento nell'aspetto degli occhi è spesso associato a un aumento della loro acuità visiva, consentendo loro di vedere meglio nell'oscurità.

Le mani dei licantropi sono adornate da artigli affilati come rasoi, che possono essere estesi e ritratti a volontà. Questi artigli sono letali strumenti di caccia e combattimento, capaci di sfondare la carne e gli osso con facilità. Spesso, i licantropi sono descritti mentre sfoggiano con orgoglio questi artigli letali, pronti a infliggere danni devastanti ai loro nemici.

Le fauci dei licantropi ospitano potenti denti affilati e artigli che possono dilaniare la carne con facilità. I loro denti canini sono allungati e aguzzi, ideali per afferrare e strappare la carne delle prede. La loro bocca è in grado di aprirsi notevolmente, rivelando una serie di denti affilati che possono causare ferite orribili.

La fisicità dei licantropi è una combinazione di elementi umani e lupini, creando creature straordinarie e pericolose. La loro forza sovrumana, la pelliccia folta, gli occhi penetranti, gli artigli affilati e i denti letali li rendono avversari temibili che suscitano paura e fascino allo stesso tempo. Sono esseri che incarnano la forza bruta e l'implacabilità, simboli viventi della natura selvaggia e incontrollabile.

La forza sovrumana è una delle caratteristiche più distintive dei licantropi e contribuisce a renderli avversari temibili in leggende e racconti. Questa forza straordinaria li colloca al di sopra delle capacità fisiche di esseri umani e lupi, conferendo loro un vantaggio devastante nelle attività di caccia e combattimento.

La forza sovrumana dei licantropi è spesso descritta come quasi inumana. Sono capaci di sollevare pesi che nessun essere umano potrebbe gestire, abbattere prede enormi con facilità e infliggere danni terribili in un combattimento. La loro muscolatura poderosa e la loro agilità straordinaria contribuiscono a questa forza sovrumana, consentendo loro di affrontare avversari con un coraggio imperturbabile.

Inoltre, la forza dei licantropi è spesso amplificata durante la loro trasformazione, quando il loro corpo assume una forma ibrida tra uomo e lupo. In questo stato, diventano veri e propri tori della natura, capaci di resistere a ferite che sarebbero fatali per chiunque altro e di sopraffare qualsiasi sfida che si ponga loro davanti. La loro aggressività e ferocia diventano leggendarie, poiché la loro forza sovrumana li porta a un livello di dominio nel combattimento che è difficile da eguagliare.

Questa forza sovrumana contribuisce alla percezione dei licantropi come creature pericolose e inarrestabili. Sono spesso rappresentati come predatori implacabili, capaci di inseguire le loro vittime attraverso foreste oscure e territori selvaggi senza mai stancarsi. Questa caratteristica li rende avversari formidabili, e la loro forza sovrumana è un elemento chiave delle leggende che li circondano.

La velocità e l'agilità dei licantropi sono abilità eccezionali che contribuiscono in modo significativo alla loro pericolosità e alla loro abilità nella caccia. Queste creature sono dotate di una straordinaria velocità, in grado di superare in sprint sia gli esseri umani che i lupi veri. La loro agilità è altrettanto impressionante, permettendo loro di muoversi con una grazia quasi sovrumana attraverso gli ambienti più intricati e difficili.

La loro velocità e agilità sono armi letali nella caccia alle prede. Possono inseguire vittime a una velocità impressionante, attraversando foreste fitte e terreni accidentati senza difficoltà. La loro capacità di cambiare direzione rapidamente e di saltare sopra ostacoli li rende virtualmente impossibili da seminare una volta che si sono messi sulle tracce di qualcuno o qualcosa.

Inoltre, la loro agilità è cruciale in combattimento. Durante le battaglie, possono evitare gli attacchi nemici con movimenti fluidi e contorsionisti, rendendo estremamente difficile colpirli. Questa abilità li rende ancora più pericolosi quando si scontrano con avversari, poiché possono schivare rapidamente gli attacchi e contrattaccare con efficacia.

La combinazione di forza sovrumana, velocità e agilità fa sì che i licantropi siano avversari formidabili, capaci di cacciare e combattere con grande successo. La loro natura predatrice è enfatizzata dalle loro abilità fisiche eccezionali, contribuendo a consolidare la loro reputazione di creature pericolose e spietate.

L'acutezza sensoriale dei licantropi è uno dei loro tratti distintivi più notevoli. Queste creature sono dotate di sensi altamente sviluppati, che superano di gran lunga quelli sia degli esseri umani che dei lupi veri. In particolare, l'olfatto e l'udito dei licantropi sono sovrumani e svolgono un ruolo cruciale nella loro abilità di caccia.

L'olfatto dei licantropi è straordinariamente sensibile e in grado di rilevare odori impercettibili per la maggior parte delle creature. Questa abilità consente loro di individuare prede a chilometri di distanza, distinguere gli odori delle diverse creature e persino riconoscere individui specifici basandosi solo sul loro odore. Questo rende praticamente impossibile sfuggire a un licantropo che ti sta dando la caccia, poiché può seguire la tua traccia olfattiva con estrema precisione.

L'udito dei licantropi è altrettanto straordinario. Possono udire suoni a frequenze che sono al di fuori della percezione umana e dei lupi normali. Questa capacità li rende in grado di percepire anche i movimenti silenziosi delle loro prede, come il fruscio di un animale nell'erba alta o il respiro affannato di una persona spaventata. Grazie a questa acutezza uditiva, i licantropi possono individuare le prede anche in condizioni di buio totale o rumore ambientale.

Queste abilità sensoriali sovrumane giocano un ruolo fondamentale nella caccia dei licantropi, consentendo loro di localizzare e inseguire le prede con estrema efficacia. La combinazione di olfatto e udito straordinari li rende predatori praticamente infallibili, aumentando la loro pericolosità e facendo sì che siano temuti da tutte le creature che si trovano nel loro cammino.

Il potere della trasformazione è uno degli aspetti più enigmatici e spaventosi delle leggende dei licantropi. Secondo molte di queste storie, i licantropi sarebbero in grado di cambiare forma a volontà, passando dalla loro forma umana a quella lupina e viceversa. Questa capacità di trasformazione rappresenta una delle caratteristiche più temute dei licantropi, poiché le conseguenze possono essere devastanti per chiunque si trovi nel loro cammino.

La possibilità di trasformarsi è spesso legata alla luna piena, che è considerata il momento in cui la maledizione dei licantropi si manifesta con maggiore intensità. Durante questa fase lunare, si crede che i licantropi non possano resistere alla forza della trasformazione e che siano costretti a cambiare forma. Tuttavia, alcune leggende suggeriscono che i licantropi più potenti e controllati possano padroneggiare questa abilità anche in altri momenti.

La trasformazione stessa è descritta in modo dettagliato nelle leggende, con il corpo umano che si deforma e si contorce mentre si trasforma nella forma di un lupo gigantesco e feroce. Questo processo è spesso doloroso e accompagnato da urla terrificanti, rendendo la trasformazione dei licantropi un'esperienza angosciante.

Una volta trasformati in lupi, si crede che i licantropi siano incapaci di controllare i loro istinti bestiali. Questo li rende estremamente pericolosi, poiché diventano predatori senza pietà, guidati dalla fame insaziabile di carne fresca e dalla sete di sangue. Durante le notti di luna piena, i licantropi sono considerati avversari quasi invincibili, e solo le contromisure specifiche come l'argento possono sperare di contrastarli.

In alcuni racconti, i licantropi vivono una lotta costante per mantenere il controllo sulla loro maledizione e sopprimere la trasformazione. Questo aggiunge un elemento tragico alle loro storie, poiché cercano disperatamente di sfuggire alla loro natura malvagia e alla dannazione che li affligge.

Il potere della trasformazione è uno degli aspetti più spaventosi e misteriosi delle leggende dei licantropi, rappresentando una lotta tra la loro umanità e la loro bestialità che li rende creature tanto temute quanto affascinanti.

La notte, e in particolare la luna piena, è da sempre considerata l'alleata dei licantropi nelle leggende e nei miti che li circondano. Questo legame tra i licantropi e la notte contribuisce a creare un'atmosfera di mistero e paura intorno a queste creature sovrannaturali.

Nelle leggende dei licantropi, la notte di luna piena è spesso il momento in cui la loro maledizione si manifesta con maggiore intensità. Si crede che la luce della luna piena agisca come un catalizzatore per la trasformazione, costringendo i licantropi a cambiare forma da umana a lupina. Questo evento viene solitamente descritto come un processo doloroso e angosciante, accompagnato da urla terrificanti e contorsioni del corpo.

La notte, con la sua oscurità e il suo velo di mistero, offre ai licantropi un ambiente ideale per le loro attività. Durante le notti di luna piena, si crede che i licantropi siano in cerca di prede da cacciare, guidati dalla loro fame insaziabile per la carne fresca e dalla sete di sangue. La notte offre loro un'ampia copertura e rende più difficile per le loro vittime scorgere o sfuggire a queste creature implacabili.

L'oscurità della notte potrebbe anche essere vista come una metafora della natura oscura e nascosta dei licantropi stessi. Queste creature vivono nascoste tra gli esseri umani durante il giorno, nascondendo il loro vero io dietro una facciata di normalità. Ma quando cala la notte, la loro vera natura emerge, portando con sé terrore e distruzione.

La notte, quindi, è l'alleata perfetta dei licantropi nelle leggende, fornendo loro il momento e il luogo ideale per manifestare la loro bestialità. Questo legame tra i licantropi e la notte contribuisce a consolidare la percezione di queste creature come orrori notturni e ad alimentare la paura che suscitano nelle storie popolari.

La leggenda del morso licantropico è una delle caratteristiche più iconiche delle storie dei licantropi. Si narra che un licantropo, durante la sua notte di luna piena e follia omicida, possa trasmettere la maledizione a un individuo umano attraverso il suo morso.

Questa ferita, causata dal morso feroce di un licantropo, non è solo una ferita fisica, ma anche una maledizione che si insinua nel corpo e nell'anima della vittima. Si crede che il veleno del licantropo contenuto nella sua saliva sia in grado di influenzare profondamente il corpo dell'individuo morsicato. La leggenda sostiene che il morso licantropico possa provocare una serie di effetti, tra cui febbre, dolori lancinanti, e incubi terribili.

Col passare del tempo, i sintomi diventano sempre più intensi, portando la vittima a sperimentare cambiamenti fisici e comportamentali. Questi cambiamenti includono la crescita di peli in luoghi insoliti, una sete insaziabile per il sangue e la carne cruda, e un'attrazione irresistibile per la notte di luna piena. Man mano che la maledizione si sviluppa, la vittima inizia a perdere il controllo sulla sua trasformazione, diventando un licantropo durante le notti di luna piena.

La leggenda del morso licantropico aggiunge un elemento di terrore e suspense alle storie dei licantropi. Poiché chiunque può essere una potenziale vittima del morso licantropico, si crea una costante tensione e diffidenza tra i personaggi delle storie. La paura di essere morso da un licantropo e di subire la maledizione diventa un elemento centrale nel folklore dei licantropi, rafforzando la percezione di questi esseri come creature malefiche e pericolose.

Inoltre, la leggenda del morso licantropico solleva domande intriganti sulla natura della maledizione e sulla sua trasmissione da una generazione all'altra. Questo aspetto delle storie dei licantropi mette in luce il tema dell'ereditarietà della maledizione e della sua persistenza attraverso il tempo, aggiungendo ulteriori strati di complessità alle leggende licantropiche.

La resistenza delle ferite è un altro aspetto impressionante delle leggende riguardanti i licantropi. Queste creature sono spesso descritte come incredibilmente resistenti alle ferite, in grado di sopravvivere a danni che sarebbero fatali per un essere umano.

Le ferite che potrebbero essere mortali per un individuo normale sembrano causare solo danni temporanei a un licantropo. Ciò significa che le ferite profonde, le fratture ossee e persino le lesioni gravi possono guarire in modo rapido e quasi miracoloso. Questa incredibile capacità rigenerativa aggiunge un elemento di quasi immortalità ai licantropi nelle leggende, rendendoli avversari ancora più spaventosi per chiunque si trovi ad affrontarli.

L'idea di ferire gravemente un licantropo solo per vederlo rinascere con ferite guarite può generare una sensazione di impotenza nei racconti, poiché sembra che nulla possa davvero mettere fine alla loro minaccia. Questa resistenza alle ferite rafforza ulteriormente la percezione dei licantropi come creature sovrannaturali e quasi invincibili, aumentando la loro aura di terrore nelle leggende.

Inoltre, questa caratteristica delle leggende dei licantropi può essere interpretata come una metafora per la resilienza e la forza interiore. I licantropi, nonostante le ferite e le avversità, riescono sempre a risorgere, simboleggiando la lotta per la sopravvivenza e la perseveranza. Tuttavia, questa resistenza è spesso legata alla loro fame insaziabile e alla loro natura malvagia, rendendo la loro forza un elemento ambiguo che può sia ispirare che terrorizzare chi ascolta le loro storie.

Nelle leggende dei licantropi, spesso emergono poteri sovrannaturali che aggiungono un elemento di terrore e fascino alle loro storie. Tuttavia, è importante notare che questi poteri possono variare notevolmente da una leggenda all'altra e non sono sempre presenti. Alcuni dei poteri sovrannaturali attribuiti ai licantropi nelle leggende includono:

Forza sovrumana: Questo è uno dei poteri più comuni associati ai licantropi. Sono spesso descritti come incredibilmente forti, in grado di affrontare prede e avversari con una forza sovrumana.

Velocità e agilità straordinarie: Molti racconti li dipingono come estremamente veloci e agili, capaci di muoversi con rapidità e destrezza sorprendenti.

Senso dell'olfatto e dell'udito sviluppati: I licantropi sono noti per i loro sensi altamente sviluppati, in particolare l'olfatto e l'udito. Possono percepire odori e suoni che sono al di là della capacità umana.

Controllo sugli animali: In alcune leggende, i licantropi sono in grado di comunicare con gli animali, spesso utilizzando questa abilità per radunare una "congrega" di lupi o altre creature per scopi oscuri.

Ipnotismo o fascinazione: Alcuni racconti attribuiscono ai licantropi la capacità di ipnotizzare o affascinare le loro vittime, rendendole incapaci di opporre resistenza.

Telepatia: In alcune leggende, si dice che i licantropi siano in grado di comunicare telepaticamente tra di loro o con altre creature sovrannaturali.

Controllo sugli elementi: In rari casi, si sostiene che i licantropi abbiano il potere di manipolare gli elementi naturali, come il fuoco o l'acqua, per scopi malvagi.

Va notato che la presenza o l'assenza di questi poteri varia notevolmente nelle diverse tradizioni e leggende riguardanti i licantropi. Alcuni racconti enfatizzano la loro natura fisica sovrumana, mentre altri concentrano l'attenzione sui poteri psichici o magici. Questa varietà di interpretazioni aggiunge un ulteriore strato di mistero e fascino alla figura del licantropo, contribuendo a mantenere viva la loro presenza nella cultura popolare.

È fondamentale comprendere le differenze tra i licantropi delle leggende e i lupi veri, poiché spesso queste due creature vengono confuse o mescolate nei racconti popolari. In realtà, le differenze tra loro sono sostanziali e meritano un'analisi attenta.

Licantropi:

I licantropi sono creature leggendarie e mitiche, spesso descritte come esseri umani che possono trasformarsi in lupi o ibridi uomo-lupo. La loro trasformazione è generalmente legata a fattori come la luna piena o altre circostanze sovrannaturali. Sono visti come esseri umani maledetti o affetti da una sorta di condizione sovrannaturale che li rende capaci di mutare forma.

Le leggende dei licantropi sono spesso associate a aspetti oscuri, come la fame insaziabile per la carne fresca o la caccia di esseri umani. La loro natura è solitamente ambivalente, oscillando tra la sua parte umana e quella bestiale.

Lupi veri:

I lupi veri sono animali del mondo reale appartenenti alla famiglia dei canidi. Sono mammiferi carnivori, noti per vivere in branco e cacciare per nutrirsi. La loro natura è completamente naturale, e non hanno la capacità di trasformarsi in esseri umani o in creature sovrannaturali.

I lupi veri svolgono un ruolo importante negli ecosistemi naturali e sono generalmente riluttanti ad avvicinarsi agli esseri umani. Sono animali selvatici che seguono i loro istinti naturali di sopravvivenza.

Mentre i licantropi sono figure mitiche e sovrannaturali associate a leggende e folklore, i lupi veri sono creature reali della fauna selvatica. La confusione tra le due è spesso dovuta alla tradizione narrativa che ha trasformato i lupi in creature leggendarie e spesso spaventose. Tuttavia, è importante distinguere tra questi due concetti per una comprensione accurata delle leggende dei licantropi e dei lupi veri nella cultura popolare.

Capitolo 7
Come Uccidere un Licantropo

Le origini delle tecniche di uccisione dei licantropi affondano le loro radici nelle tradizioni antiche e nelle credenze popolari che circondavano queste creature sovrannaturali. La figura del licantropo, o lupo mannaro, è stata oggetto di terrore e fascino per secoli in diverse culture del mondo.

Nelle antiche tradizioni, molte comunità credevano che i licantropi fossero esseri malvagi che potevano trasformarsi da umani in lupi. Queste credenze erano spesso associate a credenze più ampie sull'occultismo e sulla magia nera. Si riteneva che i licantropi fossero maledetti o posseduti da forze oscure, e di conseguenza, era necessario sviluppare metodi per difendersi da loro.

Le tecniche di uccisione dei licantropi spesso riflettevano la convinzione che il metallo argentato fosse il loro punto debole. L'argento era considerato sacro e protettivo contro le forze maligne, e si credeva che un pugnale o un proiettile di argento fosse l'arma ideale per uccidere un licantropo. Questa credenza ha radici profonde nella storia delle culture in cui si diffondeva la leggenda del licantropo.

Inoltre, le tecniche di uccisione dei licantropi erano spesso influenzate da credenze culturali specifiche. Ad esempio, in alcune regioni, si credeva che il licantropo potesse essere sconfitto attraverso esorcismi o rituali di purificazione. Questi rituali coinvolgevano l'uso di erbe, incantesimi e amuleti protettivi per allontanare la maledizione o il possesso demoniaco.

L'evoluzione delle tecniche di uccisione dei licantropi è stata influenzata anche dalle narrazioni di cacciatori di licantropi, figure leggendarie che si dedicavano alla caccia di queste creature. Queste storie hanno contribuito a mantenere vive le credenze e le pratiche di difesa contro i licantropi, trasmettendo le conoscenze di generazione in generazione.

Le origini delle tecniche di uccisione dei licantropi risalgono a credenze antiche e tradizioni popolari. Questi metodi riflettono la paura e il mistero che circondano i licantropi nelle culture di tutto il mondo, e hanno contribuito a plasmare la percezione di queste creature sovrannaturali nel corso dei secoli.

Nella caccia ai licantropi, un elemento chiave è sempre stato l'uso di armi tradizionali, spesso con particolare attenzione all'uso del metallo argentato. Questo metallo, noto per la sua natura purificatrice e protettiva, è stato considerato il punto debole dei licantropi in molte tradizioni e credenze popolari.

I pugnali di argento sono tra le armi più iconiche associate alla caccia ai licantropi. Si credeva che un pugnale di argento avesse il potere di penetrare la resistenza sovrannaturale dei licantropi e infliggere loro danni mortali. Questi pugnali erano spesso ornati con simboli protettivi e incisioni magiche, che li rendevano ancor più efficaci contro le creature malvagie. I cacciatori di licantropi erano soliti portare con sé tali pugnali come arma principale nella loro lotta contro le bestie mannare.

Oltre ai pugnali, anche i proiettili argentati erano utilizzati per abbattere i licantropi. Si credeva che un proiettile di argento fosse in grado di perforare la pelle dura e resistente di queste creature, causando loro ferite mortali. I cacciatori esperti spesso caricavano le loro armi da fuoco con proiettili di argento, preparandosi a combattere le minacce licantropiche con la massima efficacia.

L'uso di armi tradizionali, soprattutto quelle realizzate in argento, rappresentava una sorta di baluardo contro le forze oscure associate ai licantropi. Queste armi erano spesso fatte con grande attenzione ai dettagli e alla qualità del metallo argentato, al fine di garantire la massima efficacia nella caccia.

Va notato che, sebbene l'uso di armi tradizionali fosse diffuso nelle narrazioni sulla caccia ai licantropi, si trattava principalmente di credenze popolari e leggende. Nella realtà, i licantropi erano considerati creature mitiche e non esistevano prove concrete della loro esistenza. Tuttavia, queste storie hanno contribuito a plasmare l'immaginario popolare intorno ai licantropi e all'uso delle armi di argento nella loro caccia.

La luna piena ha sempre giocato un ruolo centrale nelle leggende e nelle credenze associate ai licantropi. Questo luminoso astro notturno è spesso considerato il momento ideale per affrontare o sfruttare le debolezze di queste creature leggendarie.

Nelle tradizioni popolari, la luna piena è vista come un momento di massima potenza per i licantropi. Si credeva che durante questa fase lunare, la loro trasformazione fosse più probabile e che le loro abilità sovrannaturali fossero al culmine. Questa credenza ha portato molte persone a prendere precauzioni extra durante le notti di luna piena, cercando rifugi sicuri e armi di difesa, come pugnali di argento, per fronteggiare potenziali minacce licantropiche.

In alcune leggende, si afferma che solo durante la luna piena i licantropi possano essere uccisi o sconfitti definitivamente. Questo ha portato alla concezione che cacciare un licantropo fosse un compito particolarmente rischioso, richiedendo una pianificazione accurata e l'attesa del momento giusto per l'attacco.

La luna piena è anche associata al potere di curare i licantropi. In alcune storie, si dice che un morso di licantropo possa essere curato solo grazie all'esposizione alla luce della luna piena, come se questa avesse un effetto purificatore o rigenerante.

Le leggende legate alla luna piena hanno contribuito a creare un'aura di mistero e paura attorno ai licantropi. Ancora oggi, nelle opere di narrativa moderna e nei film, la luna piena è spesso utilizzata come momento chiave nelle narrazioni legate a queste creature. Questa associazione tra i licantropi e la luna piena ha contribuito a consolidare il loro status come icone del terrore sovrannaturale, suscitando fascino e apprensione nella cultura popolare.

Le pratiche legate all'utilizzo di erbe, incantesimi e amuleti protettivi contro i licantropi sono state parte integrante della tradizione popolare per secoli. Le persone, spaventate dalle storie di questi esseri mostruosi, hanno cercato rifugio nella magia e nelle credenze superstiziose per proteggersi.

Le erbe sono state spesso utilizzate per creare amuleti o pozioni che si credeva potessero tenere lontane le minacce licantropiche. Erbe come l'aglio, il prezzemolo e il biancospino erano considerate efficaci contro i licantropi e venivano indossate come protezione personale o collocate in luoghi strategici come le porte delle abitazioni. Si riteneva che il loro odore o le loro proprietà magiche potessero respingere questi esseri.

Gli incantesimi e i rituali magici erano un'altra forma comune di difesa. Le persone ricorrevano a formule arcane per cercare di allontanare o neutralizzare i licantropi. Questi incantesimi potevano variare da regione a regione e spesso coinvolgevano parole mistiche, gesti specifici o l'uso di oggetti sacri.

Gli amuleti erano oggetti portafortuna o talismani che si credeva potessero offrire protezione contro i licantropi. Tra gli amuleti più noti c'erano croci, medaglie religiose e pentacoli. Questi oggetti venivano indossati come gioielli o appesi in casa come protezione contro il male.

Le pratiche di difesa contro i licantropi erano spesso radicate nella superstizione e nella paura, ma per coloro che credevano fermamente nelle minacce di queste creature, questi mezzi rappresentavano un modo per sentirsi più al sicuro. Ancora oggi, alcune di queste tradizioni persistono in alcune comunità, anche se la maggior parte delle persone le considera ormai parte del folclore e della cultura popolare.

L'idea che i licantropi possano essere posseduti o influenzati da forze maligne è una credenza radicata nelle tradizioni di molte culture. Questo concetto ha portato allo sviluppo di tecniche di esorcismo e purificazione specifiche, mirate a liberare gli individui dalla maledizione licantropica.

Gli esorcismi contro i licantropi spesso coinvolgevano figure religiose o sciamani che cercavano di allontanare gli spiriti maligni o le forze oscure che si credeva avessero preso il controllo delle persone. Questi rituali potevano includere l'uso di incantesimi, preghiere, gesti sacri o l'uso di oggetti rituali consacrati. L'obiettivo era quello di purificare l'anima e il corpo del licantropo, rompendo il legame con la maledizione.

La purificazione era un altro aspetto importante nella lotta contro i licantropi. Questo processo coinvolgeva spesso rituali di abluzione, bagni rituali o l'uso di acqua benedetta. Si credeva che l'acqua purificasse il corpo e l'anima del licantropo, rimuovendo l'influenza malevola che lo aveva colpito.

È importante notare che queste tecniche di esorcismo e purificazione erano spesso viste come l'ultima risorsa nella lotta contro i licantropi, poiché si riteneva che la maledizione fosse estremamente potente e difficile da sradicare. Tuttavia, per coloro che credevano fermamente nella minaccia dei licantropi, questi rituali rappresentavano un modo di cercare di liberarsi dalla maledizione e dalla sua influenza nefasta.

Le tecniche di uccisione dei licantropi sono fortemente influenzate dalle credenze culturali delle diverse regioni del mondo in cui queste leggende hanno radici profonde. Ogni cultura ha sviluppato approcci unici per affrontare la minaccia dei licantropi, basandosi sulle proprie credenze, superstizioni e tradizioni. Ecco alcuni esempi di come le credenze culturali abbiano influenzato queste tecniche:

Europa Occidentale: In molte parti dell'Europa occidentale, l'argento era considerato il metallo sacro che poteva ferire o uccidere i licantropi. Le armi come pugnali e proiettili di argento erano ampiamente utilizzati per combattere queste creature. Inoltre, si credeva che il fuoco sacro potesse purificare e uccidere i licantropi, portando all'uso di torce e fiamme in alcuni rituali di caccia.

Balcani: Nelle regioni dei Balcani, si credeva che i licantropi potessero essere sconfitti con l'uso di erbe e amuleti protettivi. Gli abitanti locali ricorrevano spesso a pratiche di esorcismo e purificazione per liberare i licantropi dalla maledizione.

America Latina: In alcune culture dell'America Latina, l'uso di amuleti o talismani era comune per proteggersi dai licantropi. Questi amuleti potevano includere oggetti come aglio, croci o streghe di ferro.

Asia: In alcune parti dell'Asia, le credenze legate ai licantropi differivano notevolmente da quelle delle culture occidentali. Ad esempio, nelle leggende cinesi, i "licantropi" erano spesso considerati esseri mitologici o creature sovrannaturali con poteri magici. Le tecniche di difesa e uccisione erano basate su incantesimi e arti marziali.

È importante sottolineare che queste credenze culturali influenzavano non solo le tecniche di uccisione, ma anche l'approccio emotivo e spirituale alla lotta contro i licantropi. Le pratiche erano spesso cariche di simbolismo e rituali, e la fede nelle tradizioni culturali svolgeva un ruolo significativo nella convinzione che queste creature potessero essere sconfitte.

Nel corso della storia, sono emerse numerose narrazioni di cacciatori di licantropi, individui o gruppi coraggiosi che si sono dedicati alla caccia e all'eliminazione di queste creature leggendarie. Queste storie di cacciatori di licantropi hanno contribuito notevolmente alla cultura popolare e all'immaginario collettivo associato a queste creature temute.

Le narrazioni dei cacciatori di licantropi spesso presentano alcune caratteristiche comuni. Questi individui sono ritratti come estremamente determinati e coraggiosi, pronti a rischiare la propria vita per proteggere le comunità umane dalla minaccia dei licantropi. Sono anche ben informati sulle leggende e le credenze relative ai licantropi, una conoscenza essenziale per identificare le tracce di queste creature e sviluppare strategie efficaci per cacciarle.

I metodi utilizzati dai cacciatori di licantropi possono variare, ma spesso includono l'uso di armi tradizionali come pugnali d'argento o proiettili argentati, l'impiego di trappole e l'uso di incantesimi o amuleti protettivi. Cacciare licantropi è un'attività estremamente pericolosa, e molte narrazioni mettono in evidenza i rischi e i sacrifici coinvolti. I cacciatori di licantropi possono subire ferite gravi o persino perdere la vita nel corso delle loro missioni.

A seconda delle interpretazioni culturali, i cacciatori di licantropi possono essere raffigurati come eroi che salvano la gente comune dalla minaccia dei licantropi o come anti-eroi con motivazioni più oscure o dubbie. Queste narrazioni hanno avuto un impatto significativo sulla cultura popolare, alimentando l'immaginario legato ai licantropi e ispirando opere letterarie, cinematografiche e artistiche. Personaggi famosi come Van Helsing, il cacciatore di mostri, sono spesso associati alla caccia ai licantropi.

Le narrazioni dei cacciatori di licantropi contribuiscono alla ricchezza delle leggende dei licantropi stessi, amplificando la percezione di queste creature come minacce per l'umanità e alimentando la nostra fascinazione per il soprannaturale e l'orrore.

L'uso di trappole e espedienti specifici nella caccia ai licantropi è una componente essenziale delle narrazioni dei cacciatori di queste creature leggendarie. Questi mezzi sono stati sviluppati nel corso del tempo come strategie per intrappolare e sconfiggere i licantropi, e la loro varietà è notevole.

Uno degli espedienti più comuni utilizzati dai cacciatori di licantropi è l'uso di trappole, spesso progettate in modo ingegnoso per catturare le creature durante le loro trasformazioni o quando si trovano in una posizione vulnerabile. Queste trappole possono includere lacci nascosti, reti intricate o addirittura gabbie speciali progettate per trattenere i licantropi. L'obiettivo è immobilizzare temporaneamente la creatura in modo che possa essere affrontata o uccisa in modo più sicuro.

In alcune narrazioni, si sostiene che l'argento sia un materiale particolarmente efficace per le trappole, poiché è considerato il punto debole dei licantropi. Pertanto, pugnali di argento o spine argentate possono essere utilizzati come componenti delle trappole o come armi per infliggere danni letali ai licantropi intrappolati.

Alcuni cacciatori di licantropi adottano approcci più sottili, cercando di ingannare o attirare le creature in trappole usando esche o espedienti psicologici. Ad esempio, possono sfruttare la curiosità dei licantropi o le loro abitudini alimentari per attirarli in situazioni favorevoli per la cattura.

L'utilizzo di espedienti magici o religiosi è anche una pratica comune tra i cacciatori di licantropi. Incantesimi, rituali di protezione o amuleti con supposti poteri protettivi possono essere utilizzati per aumentare le probabilità di successo nella caccia.

È importante sottolineare che, nelle narrazioni, la caccia ai licantropi è spesso descritta come una sfida estremamente pericolosa e che i cacciatori che si dedicano a questa impresa affrontano rischi significativi. Tuttavia, la loro determinazione e la loro conoscenza delle credenze e delle leggende relative ai licantropi li rendono avversari temibili e affascinanti nell'immaginario collettivo.

In questo contesto, le trappole e gli espedienti utilizzati dai cacciatori di licantropi aggiungono un elemento di strategia e suspense alle narrazioni, contribuendo a rendere le storie di caccia ai licantropi tanto affascinanti quanto spaventose.

La ricerca scientifica ha rappresentato un'importante svolta nell'approccio moderno alla questione dei licantropi. Mentre le leggende e le credenze tradizionali continuano a esercitare un forte fascino sull'immaginario collettivo, il mondo scientifico ha cercato di gettare luce su queste storie, cercando spiegazioni razionali e non sovrannaturali.

Gli scienziati e gli esperti di varie discipline, tra cui biologia, psicologia e antropologia, hanno esaminato attentamente le leggende dei licantropi alla ricerca di indizi e prove concrete. Molte delle caratteristiche attribuite ai licantropi, come la trasformazione fisica in lupi o la fame insaziabile per la carne, sono state oggetto di analisi scientifiche.

Uno degli aspetti più studiati è stato il ruolo delle mutazioni genetiche nelle leggende dei licantropi. Gli scienziati hanno cercato di comprendere se esistano mutazioni genetiche reali che potrebbero spiegare alcune delle caratteristiche associate a queste creature. Tuttavia, finora non sono stati trovati dati scientifici definitivi che confermino l'esistenza di tali mutazioni.

Nel contesto delle leggende, è stata data molta attenzione all'aspetto psicologico delle trasformazioni dei licantropi. Gli esperti hanno esaminato come emozioni intense o disturbi mentali possano aver contribuito a creare le storie di individui che si trasformano in bestie feroci. L'analisi psicologica ha offerto alcune interpretazioni interessanti, ma non può dare una spiegazione completa alle leggende licantropiche.

Da un punto di vista biologico, la ricerca scientifica ha cercato di comprendere l'origine della fame insaziabile per la carne fresca attribuita ai licantropi. Alcuni scienziati hanno suggerito che questa caratteristica potrebbe essere associata a condizioni mediche o disturbi alimentari, sebbene non ci siano prove concrete di una correlazione.

Inoltre, l'approccio scientifico ha cercato di esplorare la persistenza delle credenze licantropiche nella cultura popolare nonostante le spiegazioni razionali disponibili. Questo fenomeno è stato collegato alla forza delle tradizioni orali e alla capacità delle leggende di suscitare paura e fascinazione nell'immaginario umano.

La ricerca scientifica ha contribuito a gettare luce su alcune delle leggende dei licantropi, offrendo interpretazioni razionali e metodi di analisi. Tuttavia, queste spiegazioni non hanno mai completamente dissipato il mistero e il fascino che circondano queste creature, che continuano a popolare l'immaginario collettivo e ad alimentare la nostra curiosità per l'oscuro e il sovrannaturale.

La persistenza delle credenze e delle tecniche tradizionali legate ai licantropi rappresenta un fenomeno intrigante. Nonostante il progresso scientifico e la razionalità che caratterizzano la nostra epoca, molte persone continuano a credere nella possibile esistenza di queste creature sovrannaturali e nell'efficacia delle antiche tecniche di uccisione.

Innanzitutto, dobbiamo considerare il potere delle tradizioni e delle leggende nel plasmare la nostra percezione della realtà. Le storie di licantropi sono state tramandate di generazione in generazione, radicandosi profondamente nella cultura di molte società. Queste leggende hanno il potere di suscitare emozioni intense e di affascinare l'immaginazione umana, creando un legame duraturo con il passato e le credenze ancestrali.

In secondo luogo, la paura è un'emozione potente che può influenzare il nostro modo di pensare e agire. Le leggende dei licantropi evocano il terrore primordiale dell'essere umano di fronte al predatore notturno, al buio e all'ignoto. Questa paura ancestrale può spingere le persone a cercare modi per proteggersi e difendersi, anche attraverso tecniche tradizionali che possono sembrare irrazionali agli occhi della scienza moderna.

Le credenze nei licantropi e nelle tecniche di uccisione tradizionali possono anche essere alimentate dalla mancanza di spiegazioni razionali per eventi o fenomeni inspiegabili. Quando accadono eventi misteriosi o inaspettati, le persone tendono a cercare risposte che siano in linea con le loro credenze e le loro tradizioni, anche se queste risposte non trovano sostegno nella scienza.

Infine, dobbiamo considerare il ruolo della cultura popolare e dell'intrattenimento nel mantenere vive queste credenze. I licantropi sono ancora una figura iconica nei film, nei libri e nella cultura di massa, contribuendo a mantenerli nel nostro immaginario collettivo. Questi media spesso enfatizzano l'aspetto sovrannaturale e il pericolo rappresentato dai licantropi, consolidando la paura e il fascino nei loro confronti.

La persistenza delle credenze e delle tecniche tradizionali legate ai licantropi è il risultato di una complessa interazione tra tradizione, emozioni umane, paura e cultura popolare. Questi elementi continuano a mantenere viva la figura del licantropo nella nostra società, nonostante le spiegazioni razionali e scientifiche a cui abbiamo accesso.

Capitolo 8
Le Leggende e i Luoghi Comuni

Nel vasto panorama delle leggende legate ai licantropi, emergono alcune storie particolarmente famose e iconiche che hanno affascinato le menti delle persone in tutto il mondo. Queste leggende variano da una cultura all'altra, ma condividono un elemento comune: la trasformazione di esseri umani in lupi feroci durante determinate circostanze.

Una delle leggende più celebri è quella del licantropo europeo, ampiamente radicata nelle culture dell'Europa occidentale. In queste storie, gli individui colpiti dalla maledizione del licantropo sono condannati a trasformarsi in lupi durante le notti di luna piena. Si narra che questi lupi mannari assumono le sembianze di lupi veri, ma con dimensioni e forza sovrumane. La maledizione può essere trasmessa attraverso il morso di un licantropo, aggiungendo un elemento di terrore alla narrazione.

Altre leggende dei licantropi provengono dall'America Latina, dove creature simili, conosciute come "lobisón" o "lobisomem," sono parte integrante della cultura popolare. In queste storie, i licantropi sono spesso descritti come esseri umani comuni durante il giorno, ma subiscono una trasformazione terrificante durante la notte, quando si ergono come lupi assetati di sangue.

Nelle culture asiatiche, come quella giapponese, troviamo il concetto di "inugami," che sono spiriti canini vendicativi. Questi spiriti possono influenzare gli esseri umani, spingendoli a compiere azioni violente e inumane, trasformandoli, in un certo senso, in licantropi di tipo asiatico.

Questi sono solo alcuni esempi delle leggende dei licantropi che hanno pervaso la cultura mondiale. Ogni cultura ha la propria interpretazione e variante di questa leggendaria creatura, ma tutte convergono verso l'idea di esseri umani che si trasformano in lupi, portando con sé un senso di terrore, mistero e fascino che continua a catturare l'immaginazione delle persone. Nelle prossime sezioni di questo capitolo, esploreremo ulteriormente queste leggende, cercando di comprendere le radici storiche e culturali che le hanno generate e come abbiano influenzato la nostra percezione dei licantropi.

Le leggende dei licantropi, con le loro radici secolari, sono profondamente intrecciate nella storia dell'umanità. L'origine di queste storie è un affascinante enigma, poiché non esiste un'unica spiegazione definitiva, ma piuttosto una serie di teorie e fattori che contribuiscono alla loro genesi.

Una delle spiegazioni più antiche risale all'antica Grecia, dove la leggenda del re Licaone potrebbe aver contribuito all'evoluzione del concetto di licantropo. Si racconta che Licaone fosse un re crudele che, per sfidare gli dei, cercò di nutrirsi della carne di suo figlio. Come punizione, fu trasformato in un lupo, sottolineando così il tema della metamorfosi tra uomo e lupo.

Nelle culture pagane europee, le credenze nella magia e nella trasformazione animale erano comuni, e le figure mitiche come il dio celtico Cernunnos, spesso rappresentato con sembianze di uomo e cervo, potrebbero aver contribuito a plasmare il concetto di licantropo.

Tuttavia, le leggende dei licantropi divennero particolarmente diffuse nell'Europa medievale, un periodo in cui l'ignoranza, la superstizione e la paura dell'ignoto predominavano. Le epidemie di rabbia, una malattia che colpiva spesso i lupi e poteva essere trasmessa agli esseri umani attraverso il morso, potrebbero aver portato alla credenza che chiunque fosse stato morso da un lupo potesse trasformarsi in una creatura simile a un lupo.

Nel corso del tempo, queste leggende si sono diffuse in tutto il mondo, influenzando la cultura popolare e le narrazioni di diverse culture. Hanno assunto varie forme e significati, ma l'elemento centrale della trasformazione umano-lupo è rimasto costante.

Le leggende dei licantropi, pertanto, rappresentano un complesso intreccio di storia, mito, superstizione e cultura, e la loro origine è profondamente radicata nella psiche umana. Esplorare l'evoluzione e la diffusione di queste leggende ci permette di comprendere meglio come la paura del soprannaturale e dell'ignoto abbia contribuito a plasmare le credenze dell'umanità nel corso dei secoli.

Il tema delle trasformazioni dei licantropi durante le notti di luna piena è un elemento iconico e universale nelle leggende dei licantropi. Questa credenza radicata in molte culture ha contribuito a cementare l'immagine del licantropo come una creatura notturna e sovrannaturale.

In molte tradizioni, si crede che la luna piena abbia il potere di scatenare la trasformazione di un essere umano in un lupo mannaro. Questo legame tra le fasi lunari e la metamorfosi è stato tramandato attraverso le generazioni e ha alimentato la paura delle notti di luna piena. La luce argentea della luna, in questi racconti, è vista come un catalizzatore magico che attiva il potere nascosto dei licantropi.

Nelle leggende, le trasformazioni sotto la luna piena sono spesso descritte come dolorose e incontrollabili. Gli individui maledetti si ritrovano a mutare in una bestia feroce, incapaci di controllare i propri istinti animali. Questo tema aggiunge un elemento di suspense e terrore alle storie dei licantropi, poiché le notti di luna piena rappresentano un periodo di massimo pericolo.

La credenza nelle trasformazioni durante le notti di luna piena ha contribuito a consolidare la figura del licantropo come una minaccia temibile e misteriosa, intrisa di simbolismo e superstizione. Questo aspetto delle leggende dei licantropi ha lasciato un'impronta indelebile nella cultura popolare, contribuendo a mantenere viva la paura delle notti in cui la luna splende in tutto il suo fulgore.

Le paure e le credenze legate ai licantropi sono profondamente radicate nella psiche umana e spesso riflettono paure ancestrali che risalgono ai tempi antichi. Una delle paure più comuni associate ai licantropi è la paura del buio. Questo timore ha origini evolutive, poiché i nostri antenati dovevano proteggersi durante le notti oscure dai pericoli che si celavano nell'oscurità. La credenza che i licantropi si trasformino di notte, diventando esseri feroci e incontrollabili, rafforza questa paura primordiale del buio.

Inoltre, la foresta è spesso descritta come l'habitat naturale dei licantropi nelle leggende. Questo legame tra i licantropi e la foresta ha contribuito a diffondere la paura degli spazi selvaggi e sconosciuti. Le foreste oscure e dense sono viste come luoghi in cui è facile perdersi o essere attaccati da creature misteriose, incluso il licantropo. Questo ha alimentato la paura degli ambienti naturali incontaminati e ha influenzato la percezione umana delle aree boschive.

Inoltre, le credenze comuni sui licantropi spesso includono la paura degli animali selvatici. Poiché i licantropi sono esseri ibridi tra l'umano e il lupo, c'è una percezione di pericolosità associata agli animali predatori. Questa paura si riflette nella cautela umana nei confronti dei lupi veri e di altri animali selvatici, nonostante il fatto che la maggior parte di essi non costituisca una minaccia per gli esseri umani.

L'associazione tra licantropi e la magia nera è un elemento intrinseco alle leggende e alle credenze legate a queste creature sovrannaturali. Questa connessione profonda può essere tracciata attraverso le rappresentazioni dei licantropi come individui maledetti o stregoni che hanno ottenuto i loro poteri attraverso oscure pratiche magiche.

In molte tradizioni, si crede che i licantropi abbiano ottenuto la loro abilità di trasformarsi in lupi o creature simili tramite incantesimi, rituali o patti con forze oscure. La magia nera è spesso associata a queste trasformazioni, e si ritiene che i licantropi siano in grado di utilizzare tali poteri per scopi oscuri, come cacciare o infliggere danni agli esseri umani.

L'idea di una maledizione o di un'incantesimo che trasforma gli individui in licantropi è stata una parte significativa delle leggende e delle narrazioni legate a queste creature. La magia nera è vista come la forza dietro questa trasformazione, alimentando la paura di coloro che potrebbero cadere sotto l'influenza di tali pratiche oscure.

Le associazioni tra licantropi e la magia nera hanno contribuito a consolidare l'immagine di queste creature come minacciose e pericolose, sottolineando il loro legame con il mondo sovrannaturale e il lato oscuro della magia. Questa connessione ha amplificato la percezione dei licantropi come entità da temere e ha contribuito a mantenerli nel folklore e nell'immaginario collettivo come figure enigmatiche e inquietanti.

Il licantropo, con la sua trasformazione tra forma umana e lupo, è spesso utilizzato come un simbolo potente di dualità. Questa dualità rappresenta la lotta eterna tra la natura umana e quella bestiale che alberga in ognuno di noi. Questo tema affonda le sue radici in profonde riflessioni sulla complessità dell'animo umano e sulla dicotomia tra la civiltà e l'istinto primordiale.

Nelle leggende dei licantropi, la trasformazione stessa incarna questa dualità. Durante il giorno, il licantropo può apparire come un essere umano normale, spesso indistinguibile dagli altri. Ma quando la notte cade e la luna piena splende nel cielo, questa natura umana viene sopraffatta dalla sua controparte bestiale, portando alla trasformazione in un lupo feroce e assetato di sangue. Questa lotta tra l'umanità e la bestialità è al centro di molte storie di licantropi, enfatizzando il conflitto interiore che questi esseri devono affrontare.

Questa rappresentazione della dualità umana è stata ampiamente utilizzata nella cultura e nella letteratura per esplorare temi profondi legati alla natura umana stessa. Il licantropo diventa un veicolo per esaminare la parte oscura e incontrollabile che può emergere in ognuno di noi, così come la tensione tra la società e l'istinto individuale. Questo simbolismo offre uno spunto di riflessione sulla complessità dell'essere umano, sulla lotta tra il bene e il male, la ragione e l'istinto, la civiltà e la natura selvaggia.

In molte opere letterarie e cinematografiche, il licantropo è stato utilizzato come metafora per esplorare le sfumature della psicologia umana e le contraddizioni intrinseche alla nostra natura. È un richiamo costante al fatto che, anche dietro una facciata di normalità, c'è spesso una parte di noi che è pronta a emergere quando si verificano le giuste circostanze. Questo simbolismo ha influenzato profondamente la cultura popolare, creando una figura iconica che continua a evocare timore e fascino per la complessità dell'essere umano.

Nel vasto panorama delle leggende e delle storie legate ai licantropi, emerge spesso il racconto di cacciatori coraggiosi che si sono dedicati alla missione di eliminare queste creature temibili. Queste narrazioni di cacciatori di licantropi hanno contribuito significativamente alla mitologia e al folklore che circonda queste creature sovrannaturali.

I cacciatori di licantropi, spesso descritti come individui solitari o appartenenti a ordini segreti, si ergono come figure eroiche pronte a difendere le comunità umane dalla minaccia dei licantropi. Sono ritratti come individui con una conoscenza approfondita delle abitudini e delle debolezze di queste creature, acquisita attraverso anni di studio e ricerca. Possono essere armati di armi speciali, come pugnali di argento o proiettili argentati, ritenuti efficaci contro i licantropi.

Le narrazioni di cacciatori di licantropi spesso raccontano di lotte epiche e scontri mortali tra l'umano e la bestia. Queste storie alimentano la percezione dei licantropi come minacce reali e rappresentano la determinazione dell'umanità nel difendersi da tali pericoli sovrannaturali. La figura del cacciatore di licantropi diventa un simbolo di coraggio e sacrificio nella lotta contro le forze oscure.

Queste narrazioni hanno contribuito in modo significativo a plasmare la cultura popolare legata ai licantropi. Hanno ispirato libri, film e serie televisive che hanno reso omaggio a queste figure leggendarie. Spesso, nei media contemporanei, i cacciatori di licantropi sono protagonisti di avventure ricche di suspense e azione, dove la caccia ai licantropi rappresenta una sfida mortale.

Le narrazioni dei cacciatori di licantropi sono una parte essenziale del vasto panorama delle leggende sui licantropi. Contribuiscono a rendere affascinante e spesso spaventoso il mito di queste creature, trasmettendo l'idea che l'umanità può affrontare e sconfiggere anche le minacce più oscure quando si unisce nel coraggio e nella determinazione.

Le leggende dei licantropi hanno lasciato un'impronta indelebile nella cultura popolare e hanno esercitato un'enorme influenza su una vasta gamma di media, contribuendo a mantenere viva l'immagine dei licantropi nella società contemporanea. Queste storie affascinanti e spaventose hanno ispirato una miriade di opere artistiche, dalla letteratura al cinema, dalla televisione ai fumetti, dando vita a una ricca tradizione narrativa che continua a prosperare.

Uno dei media più influenzati dalle leggende dei licantropi è il cinema. Sin dai primi giorni del cinema, i licantropi sono stati protagonisti di numerosi film iconici. Il capolavoro del 1941, "L'Uomo Lupo" di George Waggner, con Lon Chaney Jr. nel ruolo principale, è uno dei film che ha contribuito a definire l'immagine classica del licantropo nel cinema. Questo film ha stabilito molte delle convenzioni narrative e visive che sono diventate sinonimo di licantropi, come la trasformazione durante la luna piena e la vulnerabilità all'argento.

I romanzi non sono stati da meno nell'incorporare le leggende dei licantropi nelle loro trame. Opere letterarie come "Il Lupo Mannaro" di S. Ansky e "Il Lupo della Steppa" di Hermann Hesse esplorano la dualità dell'essere umano e la lotta interiore tra l'umanità e la bestialità. Questi romanzi offrono una prospettiva psicologica e filosofica sul mito dei licantropi.

Anche la televisione ha giocato un ruolo significativo nell'incanalare le leggende dei licantropi verso il pubblico contemporaneo. Serie come "Teen Wolf" e "Being Human" hanno reinterpretato il mito dei licantropi in contesti moderni, mescolando elementi di dramma, azione e romanticismo. Queste serie hanno contribuito a mantenere vivo l'interesse per i licantropi tra le nuove generazioni.

I fumetti e i graphic novel non sono stati da meno nel sfruttare le leggende dei licantropi. Personaggi come Werewolf by Night della Marvel Comics e il Loup Garou della DC Comics hanno introdotto licantropi nei mondi dei supereroi, aggiungendo ulteriori strati di complessità al mito.

Le leggende dei licantropi sono affascinanti per la loro capacità di adattarsi e mutare in risposta alle credenze e alle culture locali. Ciò ha portato a una ricca varietà di interpretazioni e rappresentazioni di queste creature in tutto il mondo. Le differenze culturali nelle leggende dei licantropi sono un riflesso delle varie sfumature della psiche umana e delle diverse visioni del mondo.

Ad esempio, nella mitologia greca antica, esiste il racconto di Licantropia, una condizione in cui un individuo si trasformava in lupo a causa di una maledizione degli dei o di un proprio comportamento immorale. Questa versione delle leggende dei licantropi aveva forti connotazioni morali e religiose, riflettendo il contesto culturale dell'antica Grecia.

Nelle leggende dei nativi americani, come quelle dei Navajo e degli Ojibwa, esistono racconti di licantropi o creature simili, spesso associate a spiriti animali e alla capacità di trasformarsi fisicamente. Questi miti rispecchiano le profonde connessioni spirituali con la natura e gli animali presenti nelle culture native americane.

Nelle leggende europee medievali, i licantropi erano spesso considerati individui che avevano stretto un patto con il diavolo, ottenendo così il potere di trasformarsi in lupi. Questa visione era radicata nella cristianità e nella paura del male e dell'eresia.

Al contrario, in alcune culture africane, le leggende dei licantropi sono legate a figure di guaritori o sciamani che potevano assumere la forma di animali, inclusi lupi, per compiere rituali o per guarire. In questi casi, i licantropi erano visti in una luce più positiva, come guardiani della comunità.

Questi esempi illustrano quanto le leggende dei licantropi siano state plasmate dalle credenze, dalle tradizioni e dal contesto culturale delle diverse società. Ogni cultura ha contribuito a modellare il mito dei licantropi in modo unico, creando un ricco arazzo di storie e interpretazioni che riflettono la complessità della nostra relazione con la natura, la spiritualità e l'oscurità interiore.

L'eredità delle leggende dei licantropi nella cultura contemporanea è un fascinoso fenomeno che testimonia la potenza delle narrazioni mitiche e la loro capacità di perdurare nel tempo. Queste storie di creature che si trasformano da umane in lupi e viceversa hanno lasciato un'impronta indelebile nella nostra cultura, influenzando la nostra percezione del terrore notturno e del sovrannaturale.

Nel mondo del cinema, ad esempio, i licantropi sono stati protagonisti di numerosi film horror e thriller, come "L'Uomo Lupo" e "Un Lupo Mannaro Americano a Londra". Questi film hanno contribuito a mantenere viva l'immagine dei licantropi come creature spaventose e misteriose, pronte a emergere dalla notte.

Nella letteratura, le leggende dei licantropi hanno ispirato autori di romanzi gotici e horror, come Bram Stoker e Anne Rice, che hanno incorporato elementi licantropi nelle loro opere. Questi autori hanno sfruttato il tema della dualità tra la natura umana e quella bestiale per esplorare profonde angosce e desideri repressi.

Nel mondo dei fumetti e dei giochi di ruolo, i licantropi sono diventati personaggi iconici, spesso dotati di complesse storie di origine e motivazioni. Questi personaggi catturano l'immaginazione dei lettori e dei giocatori, offrendo una panoramica della complessità umana e delle sfide interiori.

Inoltre, le leggende dei licantropi hanno contribuito a creare un'intera sottocultura di appassionati di creature sovrannaturali, che si riuniscono in convention, discutono teorie e si immergono nelle storie di licantropi attraverso la letteratura, il cinema e i giochi.

L'eredità delle leggende dei licantropi nella cultura contemporanea è quindi un testamento alla potenza delle storie mitiche e al loro impatto duraturo sulla nostra psiche collettiva. Queste storie ci ricordano che il terrore notturno e la paura dell'ignoto sono parte integrante della nostra esperienza umana, e che le leggende dei licantropi continuano a fornirci una via per esplorare tali paure, sfidandoci a confrontarci con la nostra stessa dualità interiore.

Capitolo 9
La Sopravvivenza dei Licantropi

Nel mondo contemporaneo, la sopravvivenza dei licantropi dipende in gran parte dalla loro abilità nell'arte del mimetismo licantropico. Questa abilità è essenziale per nascondere la loro vera natura tra gli esseri umani e sfuggire alle indagini delle autorità e dei cacciatori di licantropi. Ma come riescono i licantropi a mimetizzarsi così efficacemente nella società moderna?

Innanzitutto, i licantropi sono maestri nell'arte del camuffamento. Possono facilmente passare per esseri umani, adottando comportamenti, modi di vestire e perfino professioni che li aiutano a mescolarsi tra la folla. Questa abilità è stata affinata nel corso dei secoli, consentendo loro di eludere sospetti e rilevamenti.

Inoltre, i licantropi sono estremamente cauti e riservati. Evitano l'attenzione indesiderata e mantengono una vita privata discreta. Non cercano mai la celebrità o la notorietà, preferendo vivere nell'ombra e lontano dagli sguardi indiscreti. Questo atteggiamento è fondamentale per garantire la loro sicurezza e la loro sopravvivenza.

Un altro elemento chiave dell'arte del mimetismo licantropico è la capacità di integrarsi nelle comunità umane. I licantropi spesso scelgono di vivere in aree remote o rurali, dove possono essere meno sospettati. Costruiscono legami con i residenti locali, partecipano alle attività della comunità e mantengono una reputazione di persone affidabili e rispettate.

Per quanto riguarda il bisogno di isolamento durante le trasformazioni, i licantropi pianificano con attenzione i loro momenti di solitudine. Scegliendo accuratamente luoghi appartati e orari in cui le persone sono meno propense a incrociarli, riescono a garantire che le loro trasformazioni passino inosservate.

Nonostante tutti questi sforzi, i licantropi vivono costantemente con la paura di essere scoperti. Si affidano alla loro abilità nel mimetismo licantropico per sfuggire alle indagini e mantengono un livello costante di vigilanza. La loro esistenza è caratterizzata da segreti e tenebre, poiché sanno che una sola esposizione potrebbe mettere in pericolo la loro vita.

L'arte del mimetismo licantropico è una parte essenziale della sopravvivenza dei licantropi nella società moderna. La loro abilità nel nascondere la loro vera natura, combinata con un approccio cauto e riservato alla vita, permette loro di eludere sospetti e vivere nell'ombra. Tuttavia, questa vita di segreti e tenebre è segnata dalla costante paura dell'esposizione e dalla necessità di essere costantemente in guardia.

L'idea che i licantropi abbiano sviluppato organizzazioni segrete per proteggere i loro interessi e la loro sopravvivenza è un aspetto affascinante e misterioso della loro esistenza. Sebbene non ci siano prove concrete di tali organizzazioni, le leggende e le testimonianze raccolte nel corso dei secoli suggeriscono che potrebbero esistere.

Queste organizzazioni, se esistono, opererebbero nell'ombra, lontane dagli occhi del pubblico e delle autorità. Sarebbero composte da licantropi che condividono un obiettivo comune: garantire la sopravvivenza della loro specie e proteggere i loro segreti più profondi.

Una delle principali funzioni di queste organizzazioni potrebbe essere la sorveglianza costante dei membri della loro specie. I licantropi devono essere sempre all'erta per evitare di essere scoperti o cacciati da individui o gruppi intenzionati a distruggerli. Queste organizzazioni potrebbero mettere in atto sofisticati sistemi di comunicazione e di allerta per segnalare eventuali minacce e coordinare azioni di difesa.

Inoltre, le organizzazioni segrete dei licantropi potrebbero essere coinvolte nell'aiutare i loro simili a mimetizzarsi nella società umana. Potrebbero fornire supporto logistico, documenti falsi o rifugi sicuri per coloro che hanno bisogno di nascondersi durante le trasformazioni o in situazioni di emergenza.

Una delle sfide principali per queste organizzazioni sarebbe quella di mantenere il segreto. L'esposizione potrebbe mettere a rischio l'intera comunità dei licantropi, e quindi sarebbero estremamente caute nel proteggere le informazioni sensibili e nell'identificare possibili infiltrati o traditori.

Le leggende dei licantropi suggeriscono che queste organizzazioni potrebbero avere una struttura gerarchica, con figure di leadership incaricate di prendere decisioni cruciali per la comunità. Tuttavia, le informazioni dettagliate su tali organizzazioni rimangono avvolte nel mistero, e la loro esistenza è oggetto di speculazione e fascino per coloro che credono nella realtà dei licantropi.

Le storie di incontri con licantropi sono affascinanti e inquietanti, poiché gettano un'ombra di mistero sulla nostra percezione della realtà e del sovrannaturale. Queste testimonianze, sebbene spesso prive di prove concrete, continuano a emergere in varie parti del mondo, alimentando le leggende e l'interesse per queste creature mitiche.

Le caratteristiche distintive di queste storie spesso includono dettagli vividi delle trasformazioni da umano a licantropo, l'aggressività e la ferocia dei licantropi, e gli incontri notturni nelle zone remote o nelle profonde foreste. Questi racconti sono spesso narrati da individui che affermano di essere stati testimoni diretti di tali eventi o da coloro che sono entrati in contatto con presunti licantropi.

Un elemento comune in queste storie è la paura. I presunti incontri con licantropi sono spesso descritti come spaventosi e traumatici, con coloro che li vivono che affermano di essere stati terrorizzati dalle creature e di aver temuto per la loro vita. Queste esperienze lasciano segni profondi nelle persone coinvolte, causando ansia, terrore notturno e persino disturbi post-traumatici.

L'impatto di queste storie sulla cultura popolare è notevole. I racconti di incontri con licantropi alimentano la narrativa dell'orrore e sono spesso incorporati in film, romanzi e opere d'arte. Contribuiscono a mantenere viva l'immagine dei licantropi come minacce sovrannaturali e sottolineano il nostro desiderio collettivo di esplorare il confine tra il mondo reale e quello fantastico.

Tuttavia, è importante notare che queste testimonianze sono spesso oggetto di scetticismo e critiche da parte degli scienziati e degli scettici razionali. Mancando di prove concrete e affidabili, le storie di incontri con licantropi sono spesso considerate prodotti della fantasia, allucinazioni o semplici leggende urbane.

Le storie di licantropi continuano a esercitare un'influenza significativa sulla cultura popolare, contribuendo a mantenere viva l'immagine di queste creature sovrannaturali nel mondo contemporaneo. Questo influsso si manifesta in varie forme di intrattenimento, tra cui film, libri, serie TV e altri medium, catturando l'immaginazione di un vasto pubblico.

Nel mondo del cinema, i licantropi sono stati protagonisti di numerosi film horror e fantastici che hanno lasciato un segno indelebile nella cultura cinematografica. Pellicole iconiche come "The Wolf Man" del 1941 e il più recente "Wolfman" del 2010 hanno contribuito a definire l'immagine classica dei licantropi nel cinema. Queste creature sono spesso raffigurate come esseri tormentati, vittime di una maledizione che li costringe a trasformarsi in bestie feroci durante la luna piena. I film di licantropi sono noti per le loro sequenze di trasformazione spettacolari e per esplorare temi di dualità, lotta interna e la sottile linea tra l'umanità e la bestialità.

Nel mondo della letteratura, i licantropi sono stati protagonisti di romanzi e racconti che esplorano in modo approfondito la loro psicologia e il loro rapporto con la società umana. Autori famosi come Anne Rice e Patricia Briggs hanno creato universi narrativi complessi in cui i licantropi giocano un ruolo centrale. Questi romanzi spesso sfidano le convenzioni e portano i licantropi a interagire con altri esseri sovrannaturali, come vampiri e streghe, creando trame ricche di tensione e conflitto.

Le serie TV non sono da meno nell'adottare i licantropi come elemento chiave delle loro trame. Opere come "Teen Wolf" e "Being Human" hanno esplorato le vite complesse dei licantropi, spesso mescolando elementi di dramma, romance e azione. Queste serie televisive si sono concentrate sia sulla lotta dei licantropi per controllare la loro natura bestiale che sulle loro relazioni interpersonali e i dilemmi morali.

Inoltre, i licantropi appaiono regolarmente in giochi di ruolo, fumetti e videogiochi, offrendo agli appassionati di fantasy e horror molteplici modi per immergersi in mondi popolati da queste creature mitiche.

Le sfide dell'esistenza segreta dei licantropi sono immense e influenzano profondamente la loro vita quotidiana. Uno dei principali ostacoli è la necessità di isolamento durante le trasformazioni. Quando la luna piena si alza nel cielo, il richiamo della bestia interiore diventa irresistibile per un licantropo, costringendolo a trasformarsi in una creatura feroce e assetata di sangue. Questo momento di transizione è un periodo di grande pericolo, sia per il licantropo stesso che per chiunque si trovi nelle vicinanze. Per questo motivo, molti licantropi cercano di isolarsi in luoghi remoti durante la luna piena per evitare di causare danni a persone innocenti.

La paura di essere scoperti è un'altra sfida costante per i licantropi. La loro esistenza è avvolta nel segreto, poiché svelare la loro vera natura potrebbe portare a gravi conseguenze, tra cui l'isolamento sociale, la caccia da parte di cacciatori di mostri o addirittura l'esperimento scientifico. Mantenere il segreto richiede costante vigilanza e astuzia, con molti licantropi che adottano false identità e stili di vita che non destino sospetti.

Inoltre, i licantropi devono affrontare le sfide legate al controllo della loro furia bestiale. Durante le trasformazioni, la razionalità e la moralità umane possono essere sopraffatte dalla natura animale, portando a comportamenti violenti e distruttivi. Il costante timore di ferire o uccidere qualcuno durante queste trasformazioni può causare stress e ansia in un licantropo, portando a una lotta continua per mantenere la propria umanità.

Infine, l'isolamento emotivo è spesso una conseguenza dell'esistenza segreta dei licantropi. La paura di ferire le persone amate o di essere respinti per la loro vera natura può portare a relazioni tese e solitarie. Molti licantropi si sentono intrappolati tra due mondi, cercando di equilibrare la loro vita umana con la loro identità di licantropo.

La lotta per la sopravvivenza è una componente centrale della vita di un licantropo. Per evitare l'attenzione pubblica e proteggere se stessi e gli altri, molti licantropi scelgono di vivere in aree remote e rurali, lontane dai centri abitati. Questi luoghi appartati offrono la privacy e l'isolamento necessari per affrontare le trasformazioni durante le notti di luna piena senza mettere a rischio gli altri.

La scelta delle aree rurali è spesso guidata dalla presenza di foreste dense e inospiti territori montagnosi, che forniscono un ambiente adatto per nascondersi e sfuggire agli sguardi indiscreti. Le foreste offrono rifugio durante le trasformazioni, mentre le aree montuose possono essere difficili da raggiungere per gli estranei. Queste location forniscono anche risorse naturali per la sopravvivenza, come cibo e acqua.

Un'altra strategia adottata da alcuni licantropi è quella di evitare l'attenzione pubblica e mantenere un basso profilo nella società umana. Questo può comportare la scelta di professioni che richiedono scarso contatto con altre persone o lavori che consentono di lavorare principalmente di notte, quando i licantropi sono più attivi. Mantenendo un basso profilo, i licantropi cercano di ridurre al minimo il rischio di essere scoperti e di proteggere le loro identità segrete.

Tuttavia, la lotta per la sopravvivenza va oltre la semplice ricerca di luoghi remoti o di un basso profilo. Comprende anche la gestione della loro natura bestiale e il controllo delle trasformazioni. Molti licantropi cercano di trovare modi per limitare le loro trasformazioni o per mantenerne il controllo, evitando così il rischio di ferire altri esseri umani.

La lotta per la sopravvivenza è una sfida costante per i licantropi, che devono adottare una serie di strategie per nascondere la loro vera natura e proteggere se stessi e il mondo circostante. Queste strategie includono la scelta di vivere in luoghi remoti, evitare l'attenzione pubblica e cercare di gestire le loro trasformazioni in modo responsabile.

L'adattamento alle moderne tecnologie è diventato un elemento importante nella vita di molti licantropi che cercano di nascondere la loro identità e sopravvivere nella società contemporanea. In un'epoca in cui telefoni cellulari, computer e Internet sono parte integrante della vita quotidiana, i licantropi devono trovare modi creativi per rimanere connessi senza rivelare la loro vera natura.

Uno degli strumenti più utilizzati dai licantropi moderni è il telefono cellulare. Questi dispositivi consentono loro di rimanere in contatto con amici e familiari senza dover rivelare la loro presenza fisica durante le notti di luna piena. Utilizzando telefoni cellulari anonimi o numeri di telefono non tracciabili, i licantropi possono effettuare chiamate e inviare messaggi senza lasciare traccia.

I computer e Internet sono anche risorse cruciali per i licantropi moderni. Possono utilizzare la rete per cercare informazioni sulle trasformazioni, la gestione della loro condizione e le ultime notizie sulle attività dei cacciatori di licantropi. Alcuni licantropi mantengono blog o forum online per condividere esperienze e consigli con altri membri della loro comunità in modo discreto e anonimo.

L'uso delle tecnologie moderne comporta anche un maggiore rischio di essere scoperti. I licantropi devono essere estremamente cauti nell'uso di dispositivi elettronici, evitando tracciabilità e identificazione. Alcuni potrebbero utilizzare software di anonimizzazione o VPN per nascondere la loro posizione online. Inoltre, devono essere attenti alle comunicazioni e alle informazioni condivise online per evitare qualsiasi possibile esposizione.

In definitiva, l'adattamento alle nuove tecnologie è diventato una parte essenziale della vita di molti licantropi moderni che cercano di mantenere il segreto della loro vera natura. L'uso di telefoni cellulari, computer e Internet consente loro di rimanere connessi e informati, ma richiede anche una grande attenzione per proteggere la loro identità e la loro sicurezza.

L'idea che i licantropi possano avere accesso a segreti dell'immortalità è stata oggetto di speculazione e mito per secoli. Questa teoria suggerisce che questi esseri, già dotati di una vita eccezionalmente lunga grazie alla loro natura sovrannaturale, possano cercare di prolungare ulteriormente la loro esistenza attraverso pozioni o rituali magici.

Uno dei concetti più diffusi è l'idea che i licantropi possano bere una pozione segreta che li protegga dall'invecchiamento e dalla morte. Questa pozione potrebbe essere preparata utilizzando ingredienti rari e magici, come erbe mistiche o sangue di creature soprannaturali. Tuttavia, l'accesso a tali ingredienti e la conoscenza dei rituali necessari sarebbero strettamente custoditi e accessibili solo a pochi licantropi di alto rango.

Alcuni miti suggeriscono che i licantropi debbano sottoporsi a rituali complessi per garantire la loro immortalità. Questi rituali potrebbero coinvolgere la recitazione di antichi incantesimi o la partecipazione a cerimonie segrete durante i periodi di luna piena. Questi atti potrebbero essere associati a divinità oscure o entità sovrannaturali che concedono l'immortalità in cambio di servizi o sacrifici.

Tuttavia, è importante sottolineare che queste teorie sono in gran parte basate su leggende e miti, e non esistono prove concrete dell'esistenza di pozioni o rituali che conferiscano l'immortalità ai licantropi. Inoltre, la stessa natura delle leggende dei licantropi è spesso avvolta da mistero e ambiguità, rendendo difficile separare la realtà dalla finzione.

La paura dell'esposizione è una costante nella vita dei licantropi. Queste creature sono consapevoli che, se il loro segreto venisse scoperto dalla società umana, verrebbero immediatamente perseguitate e considerate una minaccia. Questa paura costante li costringe a prendere misure estreme per proteggere il loro segreto e preservare la loro esistenza nell'ombra.

Uno dei principali timori dei licantropi è essere individuati durante le loro trasformazioni. Durante le notti di luna piena, quando la loro natura bestiale emerge, cercano disperatamente luoghi isolati dove possono cambiare forma senza il rischio di essere scoperti da occhi umani indiscreti. Questi nascondigli segreti possono variare da caverne remote a foreste inaccessibili, luoghi dove possono svolgere il loro rito di trasformazione senza timore.

Inoltre, i licantropi devono mantenere rigorosamente il loro segreto anche nelle loro vite quotidiane. Possono adottare identità umane fittizie e costruire una facciata di normalità per evitare sospetti. Questo può includere lavori, famiglie e relazioni sociali create appositamente per coprire la loro vera natura. L'arte del mimetismo licantropico è una parte essenziale della loro sopravvivenza, poiché devono apparire come esseri umani comuni e inoffensivi.

La paura dell'esposizione spinge molti licantropi a mantenere un profilo basso e a evitare l'attenzione pubblica. Evitano di diventare personaggi noti o di farsi riconoscere, poiché ciò potrebbe mettere in pericolo il loro segreto. Alcuni potrebbero anche essere costretti a spostarsi frequentemente per evitare di attirare l'attenzione e preservare la loro identità nascosta.

Inoltre, i licantropi devono essere costantemente vigili nei confronti delle organizzazioni segrete o delle società di cacciatori di mostri che potrebbero dedicarsi alla loro ricerca e cattura. Queste organizzazioni potrebbero essere determinate a scoprire la verità sui licantropi e ad eliminarli.

La perpetuazione delle leggende dei licantropi è una questione intrigante e affascinante. La presunta esistenza dei licantropi nella società moderna alimenta direttamente la paura e il mistero che li circondano, mantenendo vive queste storie leggendarie nel nostro immaginario collettivo. La loro presunta sopravvivenza e il timore costante di essere scoperti contribuiscono a rinforzare il concetto di licantropi come creature sfuggenti e enigmatiche.

Mentre la società moderna si evolve e la scienza cerca di spiegare sempre più fenomeni apparentemente sovrannaturali, le leggende dei licantropi persistono come una sfida alla razionalità. Queste creature, in grado di trasformarsi tra l'umano e il lupo, sfuggono alla comprensione scientifica e restano nel dominio del mistero e dell'occulto. Questa stessa mancanza di spiegazione contribuisce a mantenere viva la loro leggenda, poiché continuano a rappresentare l'ignoto e il soprannaturale in un mondo che cerca sempre più di spiegare tutto attraverso la logica e la ragione.

Inoltre, le storie contemporanee di incontri con presunti licantropi aggiungono un elemento di autenticità alle leggende. Anche se molte di queste testimonianze possono essere spiegate con fenomeni naturali o illusioni, alcune rimangono inspiegabili e alimentano la convinzione nella loro esistenza. Questi racconti contribuiscono ulteriormente alla perpetuazione delle leggende, poiché suggeriscono che, nonostante tutti gli sforzi per nascondersi, i licantropi potrebbero ancora aggirarsi tra noi.

Infine, il mondo dell'intrattenimento e della cultura popolare continua a contribuire alla diffusione delle leggende dei licantropi. Film, serie TV, romanzi e altri mezzi di comunicazione continuano a raffigurare queste creature in storie avvincenti che catturano l'immaginazione del pubblico. Questi adattamenti spesso mettono in evidenza la lotta tra la loro natura umana e bestiale, contribuendo a rafforzare il simbolismo dei licantropi come rappresentanti della dualità umana.

In conclusione, la perpetuazione delle leggende dei licantropi è alimentata dalla loro presunta esistenza nella società moderna, dalla mancanza di spiegazioni scientifiche concrete e dalla continua influenza dei media e della cultura popolare. Queste creature rimangono una presenza enigmatica e inquietante nella nostra immaginazione collettiva, mantenendo viva la paura e il mistero che li circondano.

Capitolo 10
Conclusioni e Riflessioni

In questo capitolo conclusivo, faremo un riepilogo dei principali argomenti trattati nel corso del libro. Sarà un'opportunità per i lettori di mettere in prospettiva le informazioni raccolte sulla figura dei licantropi e riflettere sulla loro complessità.

Abbiamo iniziato il nostro viaggio esplorando le leggende più famose riguardanti i licantropi, analizzando le loro varianti culturali e le caratteristiche distintive che li definiscono. Queste storie hanno gettato le basi per il nostro studio approfondito.

Successivamente, abbiamo indagato sull'origine storica delle leggende dei licantropi, cercando di comprendere quando e come queste storie abbiano avuto inizio e come si siano evolute nel corso del tempo. Questo ci ha permesso di tracciare una linea temporale delle credenze legate ai licantropi attraverso le epoche.

Abbiamo esaminato la credenza comune nella trasformazione dei licantropi durante le notti di luna piena, esplorando come questa credenza sia radicata in diverse culture e come abbia influenzato la percezione di queste creature.

Ci siamo concentrati sulle paure e le credenze comuni legate ai licantropi, tra cui la paura del buio, della foresta e degli animali selvatici, analizzando come queste paure siano state collegate alla figura dei licantropi e come abbiano contribuito a plasmare le leggende.

Abbiamo esaminato come i licantropi siano spesso associati alla magia nera e alle arti oscure, esplorando le connessioni tra queste credenze e il mondo sovrannaturale dei licantropi.

Abbiamo esplorato come il licantropo sia utilizzato come simbolo di dualità, rappresentando la lotta tra la natura umana e quella bestiale, e come questa rappresentazione abbia influenzato la cultura e la letteratura.

Abbiamo analizzato le narrazioni di cacciatori di licantropi, individui o gruppi che si sono dedicati alla caccia di queste creature, esplorando come queste storie abbiano contribuito alla mitologia dei licantropi.

Abbiamo esaminato come le leggende dei licantropi abbiano influenzato la cultura popolare, dai film ai romanzi, evidenziando come queste storie abbiano contribuito a mantenere viva l'immagine dei licantropi nella società contemporanea.

Abbiamo esplorato le differenze culturali nelle leggende dei licantropi, evidenziando come le credenze e le caratteristiche di queste creature possano variare da una cultura all'altra.

Infine, abbiamo concluso esaminando l'eredità duratura delle leggende dei licantropi nella cultura contemporanea, sottolineando come queste storie abbiano continuato a influenzare la nostra percezione delle creature sovrannaturali e del terrore notturno.

Questo riepilogo ci offre un quadro completo delle molteplici sfaccettature del mito dei licantropi e ci invita a riflettere sulla loro persistenza nell'immaginario collettivo. Nonostante il progresso scientifico e la razionalizzazione del mondo, le leggende dei licantropi continuano a gettare un'ombra di mistero e terrore sulla nostra cultura, testimoniando la potenza duratura delle credenze e delle paure umane. È un mondo di enigmi che continua a sfidare la nostra comprensione, e forse, proprio questa sfida è ciò che lo rende così affascinante.

La persistenza delle leggende dei licantropi rappresenta un enigma affascinante all'interno del panorama delle credenze sovrannaturali. Nonostante il nostro mondo moderno sia stato plasmato dal progresso scientifico e dalla razionalizzazione, queste storie di creature trasformate da umane in bestiali persistono tenacemente nel tessuto dell'immaginario collettivo. Ma perché?

Una delle ragioni per cui queste leggende resistono all'usura del tempo è la loro capacità di rispecchiare e attingere a profonde paure e fascinazioni umane. La figura del licantropo incarna la paura primordiale della perdita di controllo, della trasformazione in qualcosa di selvaggio e incontrollabile. Questo timore ancestrale dell'alterazione della nostra stessa natura umana è universalmente riconoscibile e attraente per le menti umane.

Inoltre, le leggende dei licantropi offrono un terreno fertile per esplorare il confine sottile tra il mondo conosciuto e il mondo dell'ignoto. In un'epoca in cui la scienza sembra spiegare sempre più fenomeni, l'idea di creature che sfuggono alla comprensione razionale affascina e incute un senso di meraviglia. Le leggende dei licantropi offrono un'opportunità di abbracciare l'irrazionale e di concedersi una pausa dalla rigida razionalità.

Inoltre, l'adattabilità delle leggende dei licantropi è notevole. Queste storie si sono evolute e si sono adattate ai cambiamenti culturali nel corso dei secoli, riflettendo le paure e le ansie specifiche delle diverse epoche storiche. Questa flessibilità ha permesso alle leggende dei licantropi di rimanere rilevanti e di trovare un pubblico in ogni generazione.

Infine, non possiamo trascurare l'influenza dei media moderni nella perpetuazione di queste leggende. Film, serie TV, romanzi e videogiochi continuano a rafforzare l'immagine dei licantropi nella cultura popolare, mantenendo viva l'immaginazione del pubblico e alimentando il ciclo di interesse intorno a queste creature.

La paura dei predatori notturni, come i lupi, affonda le sue radici profonde nella storia umana. Questa antica paura è stata un catalizzatore chiave nella formazione delle leggende dei licantropi, poiché ha contribuito a dare forma alle credenze e alle paure legate a queste creature mitiche.

Sin dai primordi dell'umanità, quando gli esseri umani vivevano in comunità tribali e dipendevano dalla caccia e dalla raccolta per la sopravvivenza, i predatori notturni rappresentavano una minaccia costante. Il buio della notte era un momento di pericolo, in cui uomini e donne dovevano essere sempre all'erta per proteggersi dai lupi e da altri animali notturni. Questa paura primordiale è radicata nell'istinto di sopravvivenza umano e si è trasmessa attraverso le generazioni.

Le leggende dei licantropi, con la loro rappresentazione di individui che si trasformano in lupi o creature simili durante la notte, incarnano questa paura ancestrale in una forma mitica. Queste storie offrivano un modo per esplorare e affrontare le paure e le ansie legate ai predatori notturni, consentendo alle persone di personificare queste paure in creature sovrannaturali e, in un certo senso, di prendere il controllo su di esse.

Inoltre, le leggende dei licantropi servivano anche a mettere in discussione il confine tra umano e bestiale, evocando la possibilità che chiunque potesse essere un licantropo, compresi amici o membri della famiglia. Questo elemento di sospetto e sfiducia nei confronti degli altri ha ulteriormente intensificato le paure legate ai predatori notturni.

Le storie di licantropi sono quindi una testimonianza dell'antica paura dei predatori notturni che si è evoluta e si è trasformata nel corso dei secoli. Queste leggende offrono un modo intrigante per esplorare l'intersezione tra le paure ancestrali dell'umanità e la creazione di miti che continuano a influenzare la nostra cultura e la nostra immaginazione oggi.

I licantropi, con la loro capacità di trasformarsi da esseri umani in lupi o creature bestiali, incarnano una rappresentazione simbolica della dualità intrinseca alla natura umana. Questo tema fondamentale è stato un elemento ricorrente nel folklore, nella letteratura e nella cultura popolare legati ai licantropi, e merita una riflessione approfondita.

La dualità tra la natura umana e quella bestiale è una questione centrale nelle leggende dei licantropi. Queste storie suggeriscono che ogni individuo porta con sé una parte oscura e primitiva, simboleggiata dalla trasformazione in un lupo o in una creatura simile. Questo richiamo alla bestialità interiore mette in discussione la concezione tradizionale di umanità come razionale e civilizzata, suggerendo che sotto la superficie ci sia una parte selvaggia e incontrollabile.

Questa rappresentazione della dualità riflette le sfide che gli esseri umani affrontano nella vita di tutti i giorni. Ognuno di noi ha istinti e impulsi primitivi che possono emergere in situazioni di stress o di pericolo. Le leggende dei licantropi ci ricordano che la nostra umanità non è mai completamente separata dalla nostra parte animale.

Nella letteratura, questa dualità è stata utilizzata in modi diversi per esplorare i conflitti interiori dei personaggi licantropi. Alcuni autori hanno usato i licantropi come metafora per la lotta contro l'oscurità interiore, mentre altri li hanno rappresentati come individui tormentati dalle loro trasformazioni.

Inoltre, questa dualità tra umano e bestiale è spesso legata a temi di giustizia e moralità. Le leggende dei licantropi spesso presentano la sfida di controllare la bestialità interiore e la paura di perdere il controllo. Questo può essere interpretato come una riflessione su come affrontiamo i nostri istinti più primitivi e come conciliamo la nostra natura selvaggia con la civiltà e la moralità.

L'influenza delle credenze culturali sulla percezione dei licantropi è un aspetto cruciale da considerare quando si esamina la diversità delle rappresentazioni di queste creature in tutto il mondo. Le credenze e le tradizioni culturali hanno contribuito in modo significativo a plasmare le varie interpretazioni dei licantropi e a influenzare la percezione delle stesse in diverse società.

In molte culture, la figura del licantropo è stata influenzata dalle credenze legate alla natura e agli animali selvatici. Ad esempio, nelle culture che avevano una relazione particolarmente stretta con il lupo, come i nativi americani o alcune tribù dei popoli indigeni dell'Asia, i licantropi potevano essere visti in modo più ambivalente. Il lupo, in queste culture, poteva rappresentare sia un simbolo di forza e protezione che un presagio di pericolo. Di conseguenza, le leggende dei licantropi in queste società riflettevano spesso questa dualità.

Al contrario, in alcune culture europee, dove il lupo era spesso considerato un animale predatorio e una minaccia per il bestiame, le leggende dei licantropi tendevano a dipingere queste creature come malvagie e pericolose. Qui, le credenze culturali sulla natura selvaggia e incontrollabile del lupo si riflettevano nella percezione dei licantropi come esseri demoniaci o malefici.

Le credenze religiose e spirituali hanno anche avuto un ruolo significativo nell'influenzare le rappresentazioni dei licantropi. In alcune culture, i licantropi sono stati associati a pratiche di magia nera o di culti demoniaci, mentre in altre sono stati visti come individui maledetti o afflitti da una sorta di condanna divina.

Le credenze culturali continuano a influenzare la percezione dei licantropi nella cultura popolare contemporanea. I film, i libri e le opere d'arte che rappresentano questi esseri spesso si basano su archetipi e stereotipi culturali che rispecchiano le credenze tradizionali delle società di provenienza. Questo mantiene viva l'immagine dei licantropi come creature intrise di mistero e simbolismo, catturando l'immaginazione del pubblico.

Le credenze culturali svolgono un ruolo fondamentale nella definizione delle rappresentazioni dei licantropi in tutto il mondo e continuano a plasmare la nostra percezione di queste creature. Esaminare come queste credenze abbiano contribuito a creare una gamma diversificata di interpretazioni dei licantropi ci offre un quadro più ampio e ricco della loro presenza nella cultura umana.

L'evoluzione delle narrazioni riguardanti i cacciatori di licantropi è una testimonianza del modo in cui la figura del licantropo è stata recepita e reinterpretata nella cultura popolare attraverso i secoli. Queste storie di cacciatori di licantropi hanno contribuito a plasmare ulteriormente la mitologia dei licantropi e a mantenere viva l'immagine di queste creature nelle menti del pubblico.

Le prime narrazioni di cacciatori di licantropi risalgono alle leggende europee del Medioevo, quando il timore nei confronti delle creature sovrannaturali era diffuso. Questi cacciatori venivano spesso raffigurati come individui coraggiosi e determinati, motivati dalla volontà di proteggere le loro comunità dalla minaccia dei licantropi. Le storie di cacciatori di licantropi si intrecciavano spesso con elementi di magia nera, rituali oscuri e lotte epiche tra il bene e il male.

Con il passare del tempo, le narrazioni dei cacciatori di licantropi hanno subito evoluzioni significative. Nel periodo gotico del XIX secolo, queste storie divennero un elemento comune nella letteratura horror, con romanzi come "Carmilla" di Sheridan Le Fanu e "Dracula" di Bram Stoker che presentavano cacciatori di creature sovrannaturali, inclusi i licantropi. Questi personaggi assumevano spesso un ruolo di eroi romantici e affascinanti, ma la loro missione rimaneva quella di combattere il male rappresentato dai licantropi.

Nel corso del XX secolo, il cinema ha contribuito in modo significativo a popolare le narrazioni dei cacciatori di licantropi. Film come "L'Uomo Lupo" (1941) e "Van Helsing" (2004) hanno presentato cacciatori di licantropi come figure centrali, spesso armati di conoscenze scientifiche o armi speciali per combattere queste creature.

Nella cultura popolare contemporanea, le narrazioni dei cacciatori di licantropi continuano a evolversi. Le rappresentazioni di questi personaggi variano da opere d'arte a serie televisive, da romanzi a videogiochi. Alcuni presentano i cacciatori di licantropi come protagonisti solitari e tormentati, mentre altri li mostrano come membri di organizzazioni segrete dedite alla caccia delle creature sovrannaturali.

L'uso di trappole e espedienti nella caccia ai licantropi è un aspetto intrigante delle narrazioni legate a questi esseri sovrannaturali. Questi metodi sono stati sviluppati nel corso dei secoli da cacciatori e cacciatori di licantropi, spesso come risposta alla necessità di difendere le comunità umane dalla minaccia di queste creature.

Tra le trappole più comuni utilizzate nella caccia ai licantropi, vi sono le trappole per animali, come le tagliole e i lacci. Questi strumenti venivano spesso camuffati con odori attraenti per gli animali o con esche per attirare i licantropi. Quando una creatura intrappolava una zampa o una parte del corpo nella trappola, questa si scattava, imprigionando il licantropo e permettendo ai cacciatori di avvicinarsi in sicurezza.

Oltre alle trappole fisiche, venivano spesso impiegati espedienti magici o rituali per proteggersi dai licantropi o per catturarli. Questi rituali potevano coinvolgere l'uso di amuleti protettivi, incantesimi o pozioni speciali. Alcune credenze antiche suggerivano che i licantropi fossero vulnerabili al ferro o all'argento, quindi gli utensili fatti con questi metalli venivano spesso utilizzati per infliggere danni ai licantropi.

È interessante notare che, mentre le trappole fisiche avevano l'obiettivo di catturare o uccidere il licantropo, gli espedienti magici erano spesso finalizzati a proteggere le persone dalla loro influenza. Questo dimostra quanto sia profonda la paura e la superstizione legate ai licantropi nelle società passate.

Nelle narrazioni contemporanee, l'uso di trappole e espedienti nella caccia ai licantropi continua a essere un elemento intrigante. Mentre la razionalità e la scienza hanno soppiantato molte delle credenze superstiziose del passato, l'immaginario dei licantropi persiste nella cultura popolare e nelle opere di fiction. Ciò offre agli autori e agli artisti l'opportunità di esplorare in modo creativo come la caccia ai licantropi potrebbe essere affrontata in un mondo moderno.

L'uso di trappole e espedienti nella caccia ai licantropi è un aspetto ricco di fascino delle leggende legate a queste creature. Questi metodi, sia fisici che magici, riflettono la profonda paura e la necessità di difendersi contro l'incognita e l'oscurità rappresentate dai licantropi nelle credenze tradizionali.

L'approccio moderno alla questione dei licantropi è stato fortemente influenzato dalla ricerca scientifica e dalla razionalità che caratterizzano il mondo contemporaneo. Mentre le leggende dei licantropi persistono nella cultura popolare, la scienza ha cercato di fornire spiegazioni razionali alle credenze tradizionali, spingendo la figura del licantropo sempre più nell'ambito del mito e della fantasia.

Gli studiosi e gli esperti di vari campi, tra cui biologi, psicologi e antropologi, hanno contribuito a ridurre il mistero che circonda i licantropi. Le trasformazioni in licantropi durante la luna piena, ad esempio, sono state spiegate come miti nati da fenomeni naturali come l'ipertricosi, una rara condizione medica caratterizzata da un eccessivo sviluppo di peli sul corpo umano. Questa condizione, sebbene estremamente rara, potrebbe aver contribuito a dare origine alle leggende dei peli spessi e del cambiamento fisico associato ai licantropi.

Inoltre, la ricerca scientifica ha analizzato le origini delle paure notturne e delle credenze legate ai predatori, suggerendo che tali paure siano radicate nella storia evolutiva dell'umanità. Gli antichi esseri umani, in un ambiente in cui la sopravvivenza dipendeva dalla capacità di evitare pericoli notturni, potrebbero aver sviluppato istinti di paura verso creature notturne come i lupi, che successivamente hanno influenzato la creazione delle leggende dei licantropi.

L'approccio moderno alla questione dei licantropi non rigetta necessariamente completamente le leggende, ma le interpreta in un contesto culturale ed evolutivo più ampio. Si riconosce che queste storie abbiano avuto un impatto significativo sulla cultura e la letteratura, influenzando opere di fiction, film e serie TV. Tuttavia, vengono viste principalmente come espressioni della psiche umana, delle paure ancestrali e della nostra innata attrazione per il mistero e il sovrannaturale.

Nonostante il progresso scientifico e la diffusa razionalizzazione del mondo moderno, molte persone continuano a credere nelle tecniche tradizionali di uccisione dei licantropi e nella loro esistenza come minaccia sovrannaturale. Questo fenomeno può essere compreso attraverso diverse lenti di analisi.

In primo luogo, va considerato che le credenze e le tradizioni sono spesso radicate nelle culture e nelle comunità, e possono essere tramandate di generazione in generazione. Le storie dei licantropi, con la loro connessione alla paura ancestrale dei predatori notturni, hanno una base culturale profonda. Queste credenze possono essere parte integrante dell'identità culturale di alcune comunità, motivo per cui persistono nonostante il progresso scientifico.

In secondo luogo, le credenze nei licantropi possono offrire un senso di controllo e comprensione in un mondo che può sembrare sempre più complesso e incomprensibile. Le tradizioni e le tecniche per sconfiggere i licantropi forniscono un quadro chiave per affrontare una minaccia immaginaria, ma che può risuonare con le paure più profonde delle persone. In un'epoca in cui molte questioni sono fuori dal nostro controllo, le credenze nella capacità di sconfiggere i licantropi possono fornire un senso di potere personale.

In terzo luogo, la persistenza di queste credenze può essere attribuita alla natura intrinseca dell'essere umano, che è incline a credere in fenomeni sovrannaturali e a essere affascinato dal mistero. Le leggende dei licantropi si inseriscono perfettamente in questa predisposizione umana alla credenza nel soprannaturale, offrendo un racconto coinvolgente che attrae la nostra immaginazione.

Infine, va notato che la persistenza delle credenze nei licantropi è alimentata anche dalla cultura popolare contemporanea. Film, libri e serie TV continuano a rappresentare queste creature, mantenendo viva l'immagine del licantropo nell'immaginario collettivo. Questi media contribuiscono a perpetuare le credenze e a mantenerle vive nella società moderna.

Quando si tratta di possibili sviluppi futuri nella ricerca sui licantropi, ci troviamo di fronte a una sfida unica e affascinante. La questione della loro esistenza rimane un mistero avvolto nel folklore e nella mitologia, ma è interessante considerare quale potrebbe essere il futuro dell'indagine su queste creature leggendarie.

Da un punto di vista scientifico, la ricerca sui licantropi è stata finora marginale, principalmente perché mancano prove concrete della loro esistenza. Tuttavia, con l'avanzare della tecnologia e delle scienze forensi, è possibile immaginare che un giorno potremmo essere in grado di esplorare ulteriormente questa questione. Le indagini genetiche, ad esempio, potrebbero rivelare informazioni interessanti sulla possibile esistenza di mutazioni o condizioni mediche rare che potrebbero aver contribuito alla formazione delle leggende dei licantropi.

D'altra parte, la ricerca potrebbe anche concentrarsi sulla psicologia e sulla sociologia delle persone che sostengono di essere licantropi o di aver avuto incontri con loro. Questi casi potrebbero essere analizzati da uno sguardo più clinico per comprendere meglio le ragioni dietro queste credenze e se ci siano condizioni mentali o fenomeni sociali che possano spiegare tali testimonianze.

Tuttavia, è importante notare che molti ritengono che i licantropi siano semplicemente una creazione della fantasia umana, una metafora della dualità umana e della lotta tra istinti animali e razionalità umana. In questo contesto, la ricerca potrebbe continuare a concentrarsi sulla comprensione delle leggende e delle loro radici culturali, senza cercare necessariamente di dimostrarne l'esistenza fisica.

In ultima analisi, il futuro della ricerca sui licantropi rimane incerto e aperto a molte possibilità. Potremmo scoprire nuovi indizi che ci avvicinano a una comprensione più profonda di queste creature leggendarie, oppure potremmo continuare a esplorare il loro significato simbolico e culturale. Qualunque sia la direzione che prenderà la ricerca, una cosa è certa: i licantropi rimarranno sempre affascinanti e misteriosi nel panorama delle leggende e del folklore umano.